DANS LA MÊME COLLECTION

Bernard Chouraqui

Les Évangiles du XXᵉ siècle, anthologie du monde sans mort.
Jésus, le Rabbi de Nazareth.
Le Complexe d'Adam ou l'inconscient prophétique.
Le Scandale juif ou la subversion de la mort.

Paul Nothomb

Les Tuniques d'aveugle.
Les Récits bibliques de la Création.

Nathalie Baranoff-Chestov

Vie de Léon Chestov I, l'Homme du souterrain, 1866-1929.
Vie de Léon Chestov II, les dernières années, 1928-1938.

Vers la seconde alliance,
collection dirigée par Bernard Chouraqui.

JEAN RIVIÈRE

L'ACTE ERRANT

ÉDITIONS DE LA DIFFÉRENCE

I

PRÉPARATIFS POUR LES FOUILLES DES COUCHES STÉRILES SUR LE SITE DU RUTH

Près des Moustiers en Dordogne, le site du Ruth est encore intact. Les fouilles essayées ont seulement touché le bord du lieu.

Au pied d'une falaise de quinze mètres se trouve un éboulis où sont empilées comme de lourds feuillets onze couches de différents âges. Cette séquence stratigraphique retient avec précision les outils, les déchets et les pauvres trésors de chaque époque. Sur une base d'une trentaine de mètres se trouvent les fondements d'une préhistoire où l'on reconnaît toutes les époques du moustérien au magdalénien — et plus proche encore — comme si une ville entassait ses fondations les unes par-dessus les autres depuis plus de trente-cinq mille ans.

A travers les couches bien définies et bien caractéristiques de leur époque, se trouvent trois couches de pure géologie sans traces humaines. A l'aide de ce que nous savons, interrogeons-nous sur ce que nous ne saurons jamais. Revoyons la présence humaine pour mieux cerner les moments d'absence.

1 — A la fin des glaciations, des hommes prennent l'habitude de dormir ici sous un auvent de roches, au levant. Un gros bloc de rocher, vingt mètres plus bas, protège l'abord. Entre l'auvent de la falaise et le rocher, l'habitat était bien abrité et les claies s'y tenaient bien.

Est-ce que les habitants montaient tous les jours sur le

sommet de l'auvent pour surveiller l'autre côté de la colline ? Ou, est-ce qu'ils descendaient dans la vallée sans regarder au loin ? Cherchaient-ils à se montrer pour posséder l'espace, ou cherchaient-ils à se cacher pour durer plus longtemps ?

Pour reprendre une séquence mentale toujours fugitive le long du rocher adouci par les mains, il fallait de longues ruminations de souvenirs. Essayer de comprendre c'est essayer de se rattacher ses souvenirs.

Précisément parce que la mémoire leur faisait presque défaut, les habitants se rattachaient à ce qui n'était point un passé, mais un sentiment de passivité. Avec des songeries taciturnes, ils luttaient contre les expériences quotidiennes. En des jours sédentaires, ils annulaient les jours nomades. La torpeur exorcisait avec beaucoup de douceur la fureur des anomalies.

Un peuple à longue vie ne cherche pas à se faire connaître, mais il a si peu conscience de lui-même qu'il essaie de ne pas oublier ce qu'il sait.

Nous ne saurons jamais si les hommes étaient heureux d'obéir aux habitudes, ou malheureux. Car nous comprenons mal les services et les servitudes de la mémoire. Nous ne savons pas si les chefs soutenaient le culte des morts ou si le culte des morts obligeaient les chefs.

Avant les rites autour d'un bâton ou d'un mégalithe, avant les sacrifices d'animaux, avant les dessins sur les parois, il y avait dans le cœur humain un substrat pieux, c'est-à-dire un inconscient qui ne voulait pas être impie, une force qui ne voulait pas être ensauvagée, une connaissance qui ne voulait pas tourner à rien, une ignorance qui ne voulait pas être imprudente.

Les manières n'étaient pas ce que nous saurions définir même si nous en avions été témoins. Les femmes n'étaient pas telles que les cinéastes sauraient les montrer : les hommes restaient invertis au-delà de ce que nous pouvons croire. Et la première intuition de l'introversion était de ne rien ramener à elle. Nous ne saurons jamais ce que fut la première mœur, nous nous illusionnons à parler de mœurs.

Les hommes savaient souffrir mais ils ne savaient pas le dire. Le cœur était clos. Il n'est pas sûr que le langage de ce lieu était le même que celui des autres lieux. Il n'est pas sûr que les hommes communiquaient. Il n'est pas sûr que les hommes se comprenaient. Un voile tombe sur des fugitifs. Est-ce que ce fut une défaite, ou une victoire qui les mena un peu plus loin ? Les bifaces sont muets. Les cendres sont muettes. Une première couche stérile cache les traces.

2 — De nouveau, la lumière. Le réchauffement du climat rend le lieu agréable. Les vestiges y sont accueillants. Les hommes reviennent plus légers, moins souffreteux, avec des sentiments plus déclarés. Les claies sont plus solides.

Les silex ne se sont pas entassés pendant des millénaires sans que les hommes soient braves, les femmes fidèles, les enfants obéissants, à peu près. Dans une absence naturelle de savoir-faire codifié, il fallait autre chose qu'un bon instinct pour s'appeler de loin, pour s'éveiller mutuellement par des bâillements joyeux, pour veiller à se sustenter, pour ne pas se blesser dans les actes communs, pour tenir calmement les enfants pendant les frayeurs nocturnes.

Après la chasse ou la cueillette, un goût du bonheur ramenait au refuge après avoir été obligés de se cacher d'un prédateur ou d'un ennemi, car le refuge était le contraire d'une cachette et d'un lieu sûr.

Là où se trouvait un peu de bonheur, l'accès n'était pas ouvert à tout venant. Et parce que rien ne se fermait nulle part, le bonheur n'était pas libre.

Les hommes, là, n'avaient pas la représentation de l'avenir, mais la volonté de persister. Quand la pierre de l'outil était mal taillée, ils l'utilisaient quand même. Ils l'usaient suivant son mauvais biais. S'ils patientaient ce n'était pas en l'attente du futur mais pour résister sous la masse du présent. S'ils patientaient ce n'était pas pour maintenir un contact avec une référence antérieure mais pour ne pas céder sous l'émoi terrible d'avoir manqué de mémoire.

Tout était sujet de peur ; il ne fallait pas communiquer cette peur à l'entourage. Tout était hostile ; il ne fallait pas affronter cette hostilité. Tout manquait quotidiennement ; il fallait faire comme si rien n'allait manquer. Tout était incompréhensible ; il fallait faire comme si rien ne l'était.

Il n'est pas suffisant que les hommes se parlent pour se comprendre : il faut qu'ils soient heureux à peu près en même temps. Sans simultanéité il n'y a pas d'accord possible. Pourtant un des premiers travaux de l'intelligence fut de se dégager et de se maintenir en dehors de la simultanéité tribale. Souffrir ensemble, c'était souffrir solitairement.

Quand, de nouveau, le climat se refroidit exagérément ce fut comme une épouvante, comme une maladie qui désolait tout le monde. Il fallut partir, changer de souvenirs, vivre autrement, guérir. Le désarroi est plus mauvais que l'adversité. Les épidémies étaient visibles. Le changement de climat ne l'était pas. Quand on fuit ce qui ne se voit pas, les plantes médicamenteuses sont trouvées vénéneuses, la fratrie est sans secours, et chacun se revire comme s'il était fâché.

Les outils pourtant étaient serviables. Les grattoirs étaient carénés, l'affûtage était soigné et économisé. Mais le chantier est abandonné comme si la patience avait soudain fait défaut. Une deuxième couche stérile cache les traces.

3 — Encore de la lumière. Les jours semblent plus clairs et les nuits moins noires. Encore de la belle eau rafraîchissante et nourrissante. Encore de beaux arbres. Encore des galets splendides à la taille et à la retouche.

Le climat se radoucit définitivement. La douceur donne les choses. La force les utilise. L'homme comprend les cycles de la nature, il les suit. L'homme est sage avant l'acte et après l'acte. Il revient sur son geste, et sur une lame « feuille de laurier » il peut atteindre l'imperfectible.

La main précède l'intelligence, mais qui précède la main ? Le cœur précéda la main. La patience, naturellement une plainte, naturellement un vœu, c'est ce qui précéda la main et l'intelligence. Un émoi retenu avait précédé l'expérience.

La vertu première fut un acte sans prétention, une innovation. Ensuite la protestation contre les vertus insuffisantes fut une mentalité de renouvellement. Mais le renouvellement nous trompe sur le commencement.

Commencer la connaissance c'est obéir et s'y contenir. Poursuivre la connaissance c'est ne plus être obligé de se souvenir de soi. (Mais pendant combien de temps l'homme peut-il s'oublier sans désobéir ?)

Les primitifs luttaient pour se dresser sur un sens primordial. Précisément parce qu'ils étaient grossiers, ils ne voulaient pas l'être. Il est impossible, pour nous, de reprendre l'empathie du gémissement qui cherchait à s'étouffer.

Quand les hommes gémissaient ce n'était pas pour faire de la musique. Les musiques actuelles reconstituent un chant qui croit venir du fond des âges ; les danses certifient avec des gestes exacerbés l'amour de la vie.

Mais la vie ne bouge pas plus qu'un visage aux yeux baissés. Les primitives ne bougeaient presque pas. Les primitives se secouaient comme si elles voulaient se démouler de leur nudité. Les actuelles s'énervent comme si elles voulaient s'y embourber.

Dans la suite des temps, le début reste intact. La vie commence sans raisons rapportées, sans enchaînement de circonstances. L'intermittence entre les données de l'histoire nous révèle que les traces de l'antécédence sont cachées.

Il y a une historicité qui est une amnésie des origines. Personne, donc, ne peut se souvenir de l'origine, mais quelqu'un, au moins, peut dire « L'origine nous a échappé » ou « Nous nous sommes échappés d'un commencement dont ne portent trace ni l'histoire, ni la préhistoire ».

L'homme n'a pas d'antécédence exactement obligée, mais il a une origine obligatoire. L'homme n'a pas de suite certaine, mais il a une fin nécessaire. De la fin comme de l'origine, il faut faire la louange. Il est impossible désormais que les ethnies futures soient religieuses, sauf si elles se sentent émerger d'une volonté originelle.

Les couches incommentables, loin de rompre la leçon, enlèvent ce qui pourrait être les décombres d'informations, des fouillis graveleux d'erreurs, elles laissent reprendre le sens du primordial.

Deux couches stériles nous avaient laissés tendus, avides

d'en savoir plus. La troisième nous bouleverse : l'intermittence n'en finit pas de surgir.

4 — Une lumière revient. Des torches maintenant amènent les groupes partis en exode. Est-ce vraiment un rapatriement avec une mémoire conservée ? Ou une race nouvelle ? Une filiation ou une rupture ?

Les habitants refluent-ils poussés par un désastre ou s'avancent-ils comme des envahisseurs ? Qu'une réponse soit donnée ou non n'empêche que les interruptions nous ramènent au primordial. Les époques bien connues nous distraient de penser à la première séquence. Les époques inconnues nous ramènent à la première inconnue.

Les recherches archéologiques nous montrent avec précision les traces d'une époque. Mais il n'y a pas d'archéologie continue. Les savants extrapolent, changent de fouilles et se permettent de passer sous silence des temps immenses.

C'est pourquoi, parfois, le chercheur voyant un âge en son archaïsme, puis en son apogée est frappé de stupeur au moment où il parvient à découvrir l'appauvrissement de l'outillage et l'abandon. Les microlithes sont désespérants. Les derniers sont désespérés.

Tous les âges, sur tous les lieux, finissent par avouer un déclin comme si les hommes habiles étaient partis, comme si ailleurs la vie progressait suivant d'autres manières. Il n'y a rien au monde de plus poignant que ces lieux où seuls semblent subsister des hommes maladroits, des femmes laides, des enfants malades.

Le désastre n'est pas une antériorité, mais une suite et une endémie. Parce qu'il ne peut pas intercepter la suite, l'historien est absent de la permanence.

Un éboulis de terre végétale recouvre le lieu et le temps. Il faut oser dire que le site du Ruth se recouvre actuellement d'une nouvelle couche stérile et que, par conséquent, nous sommes remis à l'origine car toute interruption reprend une solution de continuité.

L'historien semble désormais pouvoir recueillir la suite des événements mais la suite est coupée d'intermittences. Nous pourrions comprendre les actes séparément, nous ne pouvons pas comprendre l'enchaînement. Il y a une rupture après chaque instant. Dans la rupture il y a un rattachement à la première antériorité. L'interruption est commandée par une nécessité permanente.

Donc, ici, toute endémie devenant triste, les jeunes hommes sont partis. Autrefois ils étaient partis parce qu'ils avaient peur. Maintenant ils sont partis parce qu'ils se sont inquiétés de ne pas avoir peur. L'intelligence porte ce genre de crainte.

Une certaine intelligence veut conserver ce qu'elle ne comprend pas. Elle veut même acquérir une conscience plus grande de ce qu'elle ne comprend pas.

II

LES INTERVALLES DANS L'HISTOIRE

Entre les nations il y a un intervalle de temps. L'espace stratégique des peuples n'est plus un pays, mais une durée. La suite du chemin où les hommes s'avancent n'est pas une marche mais une attente. Le progrès n'est pas plus loin, mais il est plus lent, peut-être.

La perspective du temps est unique et sans rapport avec le souci de changement ou de maintenance. Le désir de rapidité touche à sa fin, sans doute, puisque l'impatience demande ouvertement maintenant la patience et que la patience n'est pas sans fin.

Les peuples vont se surprendre eux-mêmes à vouloir ralentir. L'expansion des uns, la libération des autres n'avaient pas de vitesse concordante, ni de degrés d'accord.

Tout ce qui marche est séparé. Mais la séparation n'est pas une adversité. La discordance est le contraire d'un affrontement : les peuples alliés divergent pour trouver les sources de revenus et les peuples ennemis aussi. Les nations écartent souterrainement leurs racines nourricières.

Les hommes, peut-être, vont s'écarter d'une manière imprévue. Il y avait eu entre eux un essai qui donnait comme accessible la participation de chacun à toute chose. Il y avait eu une mise en route qui faisait parvenir l'intelligence de chacun à l'intelligence de tous.

Mais la vitesse a tout bouleversé. La vitesse est suprenante en ses effets et l'émulation n'a pas de partage. Il faut prévenir de tout ce qui est encore sans preuve. L'avenir ne donne pas ses preuves avant de survenir. Et la notion de durée est ce qui manque le plus.

Si l'exubérance est un élan vital, il lui faut l'espace. Mais si l'espace veut être vital, est-ce que le temps le veut ? Est-ce que le futur veut bien soutenir le passé, ou plutôt ce qui se fait appeler passé et qui n'en finit pas d'arriver ; cette indolence, cette impuissance, cette ignorance qui se renouvelle, cette aliénation qui recrute ?

La perspective du temps est utilisée par les hommes forts plus que par les débiles. Ceux qui ont peur du temps manquent de courage. Ceux qui n'ont pas peur comptent sur la peur que les autres subissent. Pour les uns, la crainte du temps c'est : avoir peur. Pour les autres, la crainte c'est : faire peur.

Ainsi le malheur du temps est celui-ci : l'instant ne s'exploite pas sans exagérer son rayonnement sur le futur. Et l'espérance que nous avions innocentée dynamise davantage les hommes dans leur hardiesse que dans leur affliction.

La liberté des enfants est plus petite que l'histoire des peuples. Plus la liberté avance à travers l'histoire, plus elle passe mal à travers les places, parmi ceux qui veulent tout recompter et ceux qui veulent tout oublier.

Il y a de lourdes mémoires que personne ne peut reprendre et que tout le monde continue de charger. Il y a de mauvaises mémoires. Personne ne peut dire : « Enlevez les mauvaises mémoires ! »

Quelle espérance convoquer pour racheter les mémoires ? L'espérance du bien et la mémoire du mal ne sont nulle part ensemble sauf dans le cœur de l'enfant. Mais la profondeur du cœur de l'enfant n'est pas celle du cœur de l'homme. Aucune pédagogie n'atteint le fond, aucune éducation ne va chercher l'enfant dans son dénuement nerveux. L'enfant, seulement lui, vit la synthèse de ce que les hommes savent et oublient.

Le sens des délimitations diverses est ce qui est le plus nécessaire à l'homme, or ce sens-là n'est jamais donné à un collectif. Les hommes ne peuvent pas s'empêcher de croire qu'ils sont plus forts à plusieurs. Les vérités axiomatiques que l'individu ne se permet pas de dire, le groupe les arbore avec insistance comme des proverbes.

Le sens de l'existence ne conduit pas à une impulsion à travers les mutualités, mais à un pressentiment entre ce qui est mutuel et ce qui ne l'est pas. Ce ne sont pas les groupes d'action, ni les élites de recherche qui avertissent de ce pressentiment. Les hommes associés qui conviennent de quelque affaire mettent en route le besoin d'en reconvenir. Et plus l'international s'est établi, plus les nations cherchent leurs mesures.

Il faut s'attendre à ce que les nations éprouvent un sentiment de solitude. Ce serait un service à leur rendre que de les inviter à voir ce qu'elles sont d'elles-mêmes, indépendamment des accommodements qu'elles demandent à leurs alliées ou à leurs rivales.

Si nous pouvions dissocier les conventions, le mal y perdrait davantage que le bien. Le mal fut plus ardent à se fédérer que l'innocence. Mais si le mal perd un peu, l'innocence ne gagne pas.

La nation, lorsqu'elle reconnaît ses limites, aide les instances internationales à reconnaître les leurs. Car la limite de l'internationalité n'est pas l'univers des étoiles, mais la nation. Et la limite de la nation est l'homme tantôt boute-en-train, tantôt souffre-douleur. Aucun groupe, aucune nation ne conduit à une sensibilisation de l'existence. Seul l'individu est sensible.

Pour les hommes qui pensent à l'unité du monde, il n'est pas possible de dire à quel point la place du présent est insuffisante et la place du futur inexistante. Les sentiments humains n'ont pas assez d'air pour respirer au même endroit ; ils n'ont pas assez de terre pour être enterrés en un même lieu. L'espace est trop petit pour le temps.

Dans le cœur humain, le comble de l'homme est comble. Tout ce qui dissocie les hommes s'entasse et s'empile dans chaque conscience jusqu'à la fin des temps.

Et l'inconscience n'est pas une grande archéologie à découvrir mais un minuscule foyer où toute vigueur s'épuise là où nous croyions qu'elle s'exerçait. Il y a un tel gouffre dans l'inconscient collectif qu'il ne faut pas s'y aventurer. Plus nous connaissons de faits historiques, plus il nous faut en sortir. L'histoire ne recueille pas les morts, elle les abandonne.

Les nations parlent pour les hommes en faveur de l'humanité en général. Or il advient que l'humanité n'est pas servie par les nations et que les hommes en leur désarroi doivent penser à l'humanité sans corps intermédiaire.

Les nations ne reculent jamais à décider de leurs moyens. Les hommes, eux, ne décident pas de leurs moyens ni de leur fin. Les nations n'admettent pas l'adversité. Les hommes, eux, l'admettent sans dire un mot.

Les hommes vont à une vérité existentielle directement sans corps intermédiaires, mais ils ne reviennent pas recentrer le monde sur eux. Ils abandonnent. Et la manière dont ils abandonnent est une vue de l'esprit qui ne dit pas ce qu'il sait mais qui se tourne vers ce qu'il ne sait pas, persuadé que le point de rassemblement sera là-bas.

Les peuples sont malades des problématiques humaines transmises de génération en génération. Ce qui semblait dépassé ne cesse de ressurgir. Ce qui semblait gagné se perd. Ce qui fortifie affaiblit. C'est là-dessus que commencent les blandices de la vie.

La démocratie directe prononcée par tous les hommes et toutes les femmes finit par dire plus que les enfants ne peuvent faire. Le droit des peuples à disposer d'eux-mêmes amène les enfants à ne pas comprendre comment disposer d'eux-mêmes.

Quand une nation ne voit pas clair en elle-même, il lui semble qu'elle comprend mieux ce qu'elle doit faire en voyant ce que l'autre fait. Les hommes ont souvent cherché en dehors d'eux le renseignement qu'ils ne trouvaient pas en eux-mêmes.

Lorsque deux hommes ne s'entendent pas entre eux, il leur arrive de s'entendre sur le dos d'un troisième. Ainsi, en se déboîtant, le dialogue entre les peuples parvient à décaler les difficultés et à les faire porter à un tiers.

Le plus communément nuisible est le mauvais exemple

donné par ceux qui n'ont pas participé aux guerres. Facile la victoire, justifiée la revanche. Les tiers ne sont pas loin de s'approprier à la fois les mérites des vainqueurs et les besoins des vaincus.

L'adversité des difficultés de la vie est plus difficile à supporter en l'absence d'ennemis à blâmer, plus difficile encore avec une grande affluence d'alliés concordants. Les hommes ne savent plus s'ils veulent se ressembler ou être différents. L'ethnocentrisme trompe les enfants.

L'émancipation des peuples, l'édification rationnelle des cités, l'intensification des évaluations ouvrent une cosmopolitisation qui n'est pas une liberté mais un entassement de satisfactions et d'insatisfactions, de communications et d'incommunications.

Un échange entre hommes est possible, mais tous les échanges ne sont pas possibles. Les spécialistes de l'échange parlent sans le rappel élémentaire du préalable. Les spécialistes des comparaisons pèsent avec des poids et des mesures communes des choses incomparables.

Une chose ne se confond pas avec son marché. Un sentiment ne se confond pas avec la représentation de son prix. La volonté n'assure pas ses valeurs. L'acte se destine à un autre rendez-vous que celui des conséquences.

Les nations sont mal engagées pour déterminer le sort de l'humanité.

La mondialisation des guerres nous avait amenés à penser que la condition humaine était désormais engagée à l'universalité.

Les peuples s'étaient bien définis et les nations s'étaient données comme unissables. Or il est arrivé aux peuples ce qui arrive à tout homme : la stupeur de se trouver différents en se précisant.

La cosmopolitisation ne se fonde pas sur la politisation d'une ville, d'un pays, du monde enfin. L'unité du monde ne rayonne pas autour d'un centre, elle reflue en nous à venir des bords. Elle se réfugie loin des volcans ; elle s'écarte des déserts. Elle craint les limites ; elle ne repousse personne vers les précipices. Elle se tient selon la science et ses limites ; selon la capacité des droits et l'incapacité.

Chaque soir l'homme s'arrête et se voit mourir. Les nations ne s'arrêtent pas et ne se voient jamais mourir. Elles ne se voient jamais vivre.

Entre l'accompli et l'inaccompli il y a une intermittence. Les nations ne vont pas à ce doute mais l'homme y va. L'homme va à toutes les interrogations morales, mais il ne sait pas comment faire pour revenir.

La mémoire cherche à revivre ce qu'elle n'a pas vécu. Elle reprend Verdun. Elle reprend Sadowa. Elle ne peut pas tout reprendre. Elle s'arrête soudain comme si elle fuyait les Champs Catalauniques sans avoir compris ce qui s'y est passé.

Les noms de bataille restent dangereux. Il y a du danger à parler beaucoup de ce que nous savons, car nous ne mentionnons pas ce que nous ne savons pas. Pratiquement, en la vie quotidienne, il est imprudent de citer avec insistance tel nom de pays.

Cela deviendra bientôt une nécessité de s'abstenir de nommer telle métropole où les congrès surabondent, où les compétitions se multiplient, où les travaux s'énervent. Il faut soulager les villes pour des raisons qui n'existent pas encore.

La phrase « Je cherche à comprendre l'avenir par mes propres moyens » semble abstraite. La phrase « Tel pays a un bel avenir » semble concrète. Or les termes où je me pose comme sujet sont d'une dimension qui n'a pas d'équivalent, si je sais que je suis la force la plus minime que je puisse trouver.

Par contre, un nom de pays qui a derrière lui des millions d'hommes en appelle à des notions plurielles impossibles à soutenir. Les hommes en ces jours hardis ont bien aimé les grandes analyses, les grands projets, mais ils n'utilisent que des phrases sorties de l'existence et cherchant à y rentrer après avoir recruté de nouvelles forces.

Est-ce que les sciences humaines s'élaborent dans la volonté et s'appliquent ensuite à la réalité ? Ou, est-ce qu'elles se collectent dans le concret et s'activent dans la volonté ensuite ?

Faut-il citer les noms propres pour opérer une stratégie ? Ou faut-il ne plus citer de lieux pour s'en tenir à l'intimation ? Que les peuples soient très dynamiques ou qu'ils ne le soient pas, il leur faudra savoir que chacun est obligé là où aucun autre n'est obligé. Le partage des obligations ce n'est pas d'être moins obligé grâce à une solidarité, c'est d'être tous obligés à cause d'une nécessité. La nécessité semble une contrainte extérieure, mais la vraie est un sens intime.

Lorsque l'expansionnisme n'aura plus de pays à conquérir, l'international ne sera pas tant un espace immense qu'une limite. Dans l'utilisation des usages, des permissions, des commerces et des techniques l'expansion est une marche vers la limitation.

La mondialisation qui s'ouvre ne délivrera pas l'endémie déjà close. La patience future ne rejoindra pas la patience déjà soufferte. L'activité humaine ne sauvera pas la passivité sans fin, la passivité sans début.

C'est un mystère que nous pensions terminé mais qui ne fait que commencer : l'historicité ne rétribue pas les peines méritantes, et chaque existence en vient à s'affliger de tout ce qu'elle n'a pas vécu. Mais tout ce qui se souffrira ne soulagera pas ce qui fut souffert. Et une perquisition future se prépare pour faire payer ceux qui ne sont pas en peine des choses oubliées.

Le droit avait oublié qu'il avait oublié. S'il ne s'était pas dit universel, la faute aurait été moins grave.

L'impatience et la patience ne font qu'un, mais dans un seul homme, pas dans la vie associative. La revanche des temps n'est pas une réparation. Là où tout est dommage la revanche ne dédommage pas. Le contre-pied n'est pas une contrepartie, où ce qui sera bon rachètera ce qui fut mauvais.

Des peuples attendent, témoins futurs de ce qui fut le mal

ancien. Ils détestent le mal, mais ils n'aiment pas le bien pour ce qu'il est : ils croient que le bien va prendre la place du mal.

L'historien est le besogneux. Là où il apporte une preuve, il est le probateur. Là où il y a une garde à assurer, il est le veilleur ; là où il n'y a rien, il est le scrutateur.

L'histoire est un projet d'explication du passé. C'est une plus grande ambition que le projet de rectification. L'historien penche la tête à côté de l'auditoire, il parle pour le couloir comme si des enfants allaient arriver. Et tandis que dans le tumulte se préparent les critiques du passé et les projets d'avenir, l'historien esquisse une antériorité de plus en plus lointaine où rien n'est justifié : ni l'autorité, ni la liberté, ni la science, ni l'ignorance.

Les grandes coutumes ne montrent pas le chemin. Porterions-nous une lampe que nous ne serions pas éclaireurs. Les suivants cherchent un préalable qui n'est pas de nous.

Le chemin est plus difficile à poursuivre qu'à trouver. La ténacité est tout autre que l'aventure. Rien de nouveau ne s'approche. Rien d'ancien ne s'écarte. La réussite est difficile à maintenir, dure à transformer, dangereuse à freiner, méchante à s'arrêter.

Les réalisations, trop nombreuses, gênent pour nous souvenir de ce qui a poussé à les réaliser ; les œuvres de la volonté cachent le ressort de la volonté. Les projets de l'avidité ne peuvent pas relever d'un service public. Les rêves ne peuvent pas finir en code, ni le plaisir en rente.

Les vertus ne sont pas des vertus acquises, ce sont seulement des courages sur quelques faiblesses. Le bon courage vient sur ce qui est débile. Sur ce qui est fort, le courage n'est pas toujours bon. Le puissant réensemence autour de lui l'impuissance.

A partir d'un moment les peuples n'ont plus le droit de disposer d'eux-mêmes. Les chefs ou les délégués des peuples pensent qu'une masse d'hommes a davantage de droit qu'un seul. Mais lorsque toutes les masses sont ensemble, de quelles limites convenir ? La place au soleil est plus grande — Comment plus grande ? Les besoins sont mieux satisfaits — Avec quoi satisfaits ? Les conventions sont mieux fondées — Où mieux fondées ? La paix est imposée — A qui imposée ?

Les droits des peuples ne sont pas les droits de l'homme. Définis comme donnés à tous au départ, ils ne trouvent pas à qui être demandés pour finir.

Envier un autre lieu fut souvent la manière d'espérer un autre temps. Et même parfois, l'exode permit de voir ce qui pouvait encore s'espérer lorsque la vie se dérobait.

Un nom de pays n'est pas compris par tous de la même manière. La conscience qui sait percevoir et définir un pays est une réalité supérieure jamais évoquée mais toujours de service : la conscience est astreinte à l'histoire, à la géographie. Elle part de là, mais n'y revient pas, c'est sa propre brièveté qui lui indique le mieux le début et la fin de tout instant.

Rester où nous sommes, c'est le point de départ pour avoir le premier coup d'œil et c'est une loi de nécessité pour voir la suite. Partout ailleurs, toujours ailleurs n'est pas un pays pour habiter. Ce fut une conjonction de hardiesses inconsidérées qu'« ailleurs » pouvait être offert à tous. « Ailleurs » fut une grande commodité ; mais lorsque tout se fut rendu « ailleurs » il n'y eut plus d'« ailleurs ». Et le brusque coup d'œil pour voir en arrière fut comme un coup de foudre : il n'y avait pas non plus de point de départ. L'existence n'est pas un voyage ; elle n'est pas non plus un paysage natal. L'existence est une présence vivante en face d'un territoire qu'elle va quitter.

Nous ne saurons jamais à quel point l'association dans le temps est limitée et limitative, car nous avons pris l'habitude de croire que l'union faisait la force et que la conjonction du passé et du futur était l'œuvre de l'union dans le présent.

Radicaliser c'est donner en un instant, à la suite des questions, une seule réponse et fonder une convention. Des hommes ont pensé pouvoir être les gouverneurs de ce dynamisme radical qui prend l'accompli et fonde l'inaccompli.

La notion du temps peut-elle engager les hommes dans le gouvernement ? Est-ce bien une conscience de l'histoire, ce sentiment qui nous harcèle après l'événement ? L'évaluation que nous en avons tentée peut-elle être un barème pour l'avenir ?

La conscience du temps n'est pas une stratégie qui va se déployer, c'est une perception de vie active et de vie passive dans le même homme.

Nous sommes tenus d'en finir avec nos sentiments, mais la place qu'ils ont tenue n'est libre pour personne. Jamais d'autres que nous, ici, n'ont vécu, jamais d'autres ne vivront cette passion.

Les peuples doivent être au fait : plus la vie fut vécue, plus elle a souffert sa mort. Plus les sentiments furent éprouvés, plus ils sont retirés de la communication.

La cité juste n'est pas seulement la même pour tous, c'est la seule. Et qu'il n'y ait qu'une seule justification pour les peuples ne veut pas dire qu'ils sont semblables mais qu'ils sont obligés au rachat de leurs fautes solitairement et paritairement.

A partir du moment où l'unité du monde apparaît vraiment unique, elle s'éprouve comme une solitude. Et les larmes, là, empêchent de voir ce que les autres voient. L'unité du monde contient une telle obligation pour chacun qu'il ne s'agit pas de surveiller l'obligation des autres.

La vie est tout autre qu'un projet. Vivre n'est pas projeter sa volonté. Et ce n'est pas recueillir ce que d'autres volontés ont projeté. Vivre c'est percevoir directement la chute de la volonté et affirmer que ce n'est pas un néant.

L'existant cherche à comprendre ce qui va arriver. Mais survivre n'est pas le prétexte. Prendre la vie fut le prétexte. Le jeune homme demande à l'historien non pas tant ce qu'il sait du passé que ce que les hommes du passé savaient. Cette suite de bonne volonté chez les prédécesseurs pour trouver un sens à la vie, cette intuition pour chercher leur intérêt véritable, pour assurer la garantie de leur vie n'est pas une affaire qu'il faut juger sur la réussite ou l'échec.

C'est une méprise que de voir leurs illusions ou leur savoir-faire. Le sens qu'ils suivaient était d'une telle obligation qu'ils étaient à bout de force : ils l'incarnaient et ne pouvaient pas s'en démettre. Il n'y avait pas de nomades, ni de sédentaires ; pas de vainqueurs, ni de vaincus ; pas de peuples rebelles, ni de chefs autoritaires. Il n'y avait que des enfants sans énergie.

L'historien a trompé la liberté lorsqu'il a engagé les contemporains en leur montrant les événements dans le futur. La prospective n'est pas éclairée. C'est une nuit. « Il ne faut pas faire de bruit, les enfants y dorment ».

Dans une conscience resserrée les événements ont suscité de la virilité, mais la suite n'est pas un courage. Dans les expériences diverses de bonheur et de malheur, les hommes ont passé, mais l'homme ne voit pas plus clair maintenant le passage.

Le jour d'aujourd'hui ne fait pas mieux concorder la facilité et l'adversité. S'il faut le continuer le courage décourage. S'il faut la poursuivre la liberté n'en est plus une. S'il faut les compter, les enfants se cacheront. Qui peut établir un tour pour la procréation ?

Des générations se donnent une expansion. La vie se décrit comme une multiplication. Mais elle se comprend comme ce qui ne vient pas d'un pluriel mais d'un singulier. Générer reste à comprendre. Quel est cet observateur qui trouverait des peuples jeunes ou des peuples vieux ? La vie n'a pas d'âge.

Chaque vivant porte la jeunesse et la vieillesse sans jamais bien savoir ce que c'est que d'être adulte.

Le jour n'est pas la suite de la veille. Les historiens n'ont jamais cessé de décrire l'enchaînement des jours. Les hommes n'ont jamais cessé de vouloir le défaire. Pourtant il n'y a pas d'enchaînement à faire, ni à défaire.

La nuit quelquefois nous montre ce qui peut arriver. C'est par de telles nuits, occupés à placer les noms de batailles anciens, que nous sortons des noms qui n'ont pas encore servi. C'est par de telles nuits que les pays se rassemblent sans se nommer. Les noms futurs sont interdits. Le lendemain ne sera pas la suite de ce jour.

L'homme a besoin d'une société civile favorable sans exception territoriale. Si les lois dont il profite ne font pas le tour du monde, il demande qu'elles y tendent. Il agrandit ses droits en demandant qu'ils deviennent universels.

Pour se maintenir il repousse les contraintes au loin de façon qu'elles ne reviennent pas auprès. Il assiste des autonomies lointaines en pensant qu'elles lui revaudront une assistance. Il aide et se fait aider par ceux qui arrivent porteurs d'une nouvelle misère et il rejette ceux qui, portant déjà les anciennes, semblent soudain sans élan.

De même qu'un certain entrain a été utilisé pour repousser les conseils de modération en industrialisation et en sururbanisation, ainsi un certain recrutement s'effectue de nos jours pour renouveler la hardiesse des projets. Des hommes ont foi en eux d'une manière qui demande l'espérance des autres à leur égard.

Nous savons maintenant que la cosmopolitisation est une validation de tous les sentiments. Nous verrons bientôt qu'elle est une somme de subjectivités.

L'homme qui supporte le mieux l'ensemble des sentiments humains est celui qui soutient la passivité des sentiments autant que leur activité. L'homme à peu près bon n'engage pas des forces plus grandes, il protège des faiblesses. Il ne va pas au défi.

L'intolérance défie la tolérance. Mais s'il y a une manière de supporter l'intolérance sans la partager, c'est qu'il a une manière de porter la tolérance sans pouvoir la faire partager.

L'histoire ne cesse d'allonger, mais son allongement n'aura jamais le moindre élargissement de base. Il apparaît même à ceux qui se penchent sur les strates archéologiques que la base est très rétrécie. Elle ressemble à un cône inversé qui repose sur sa pointe et qui s'élargit de plus en plus amplement. Une lucidité nous engage à ne pas tenter toutes les amplitudes.

Il n'est pas possible de computer dans l'insouciance toutes les raisons car elles nous amènent à enregistrer toutes les déraisons. Il y a un discernement qui nous empêche de nous dire sages pour ne pas avoir à enseigner les insensés.

Lorsque nous nous sommes exprimés historiquement, notre expression est reçue et approuvée pour être réutilisée. Après avoir été reconnus et approuvés, nous sommes engagés dans la conscience des autres, c'est-à-dire perdus pour poursuivre le dégagement de la nôtre. Nous nous comprenons d'autant moins que nous croyons être compris des autres. La suite de nos paroles, la poursuite de nos échanges n'atteignent pas ce préliminaire incroyable qui nous a forcés à vivre.

L'homme défend les actes où il s'est engagé, plus que les paroles où il ne s'est pas vraiment engagé, mais la vie fut avant l'acte et avant la parole. Avant le texte qui s'écrit il y a un pré-texte incommensurable, et le pré-texte n'est pas d'hier il est de demain. Il y a une présence de l'inconditionné qu'aucune inconscience n'attouchait et qu'aucun consensus ne rejoindra.

Inutile de rappeler notre souvenir. Ceux qui nous auront oubliés seront oubliés à leur tour, et, quand il n'y aura plus de tour un certain sens sera toujours là. Il est possible que les hommes sans appareil mémotechnique soient les plus sensibles au préalable de l'existence.

Les historiens se sont coupablement dispensés d'indiquer que l'homme se tirait d'une obscurité. Ils ont omis l'immensité des coupures entre les apparences.

Et nous, pauvres gens, nous restons avec cette omission comme si c'était la nôtre. Entourés d'événements connus, il nous faut deviner les inconnus. Mais nous nous sommes laissés dire trop de choses ; nous en rajouterions à tort. Cela nous rendrait service de ne pas être encastrés dans ce qui se dit.

Heureux si nous nous souvenions que nous avons tenté notre pensée dans le désarroi de l'autonomie. Nous ne serons pas surpris de revenir à ce désarroi quand nos actes ne seront plus soutenus et que notre pensée ne tentera plus de gouverner. Cela sera d'un grand renseignement de voir par nous-mêmes, sans contraintes, que quelque chose nous échappera. Quelque chose a déjà échappé.

III

L'ACTE ET L'ENDURANCE DE L'ACTE

Faut-il chasser de notre mémoire l'antécédence ? Faut-il oublier combien d'hommes se sont querellés avant de savoir s'il fallait emboîter l'outil dans le manche ou le manche dans l'outil ? Pourquoi appeler dérisoire ce qui fut important ? Important est toujours important. Il faut continuer de savoir ce que l'homme a su. Il faut rester au courant de ce qu'il a voulu. Il faut continuer de désirer ce qu'il a désiré. Il faut soutenir ce qu'il a soutenu.

Le manche qui se fendait pour tenir la pierre, c'était la prolongation de la main. Le manche appointé et rentré dans une pierre trouée, ce fut la séparation d'avec la matière, l'arrivée de l'intermédiaire, le placement de la prothèse. Tout l'outillage deviendra une prothèse entre la nature et notre main.

L'outillage est géantifié et voici que notre main paraît petite. L'activité humaine ne fait que s'enhardir, mais elle s'enhardit dans la suzeraineté de l'outillage. Les moteurs sortent le travail du corps, ce qui est momentanément une belle et bonne chance, mais pas toujours, car il faut rester de garde à la connaissance du poids des choses.

La vraie connaissance a des préliminaires. Le vrai travail est un travail travaillé, où le manche rentre le poids dans le corps jusqu'à l'acte de la connaissance de l'appesantissement.

Le manche met le cœur en rapport avec la matière. La véritable source d'énergie, c'est le cœur et le véritable toucher de l'énergie, c'est le manche. Si, à un bout du manche, il y a une douille, et si, à l'autre bout, il y a une main, le cœur désire que le manche soit conforme à la main plus qu'à la douille.

Certes, avec n'importe quelle fourche, nous pouvons travailler, mais avec celle dont le manche est favorable, nous nous accommodons mieux.

Le travail est innocent ; il faut le commencer dans la naïveté. Le cœur mange ce que le courage lui donne. Mais le cœur ne prend que ce qu'il peut prendre. Sans son effort, nous sommes sans forces.

Travailler en subjectivité, c'était se sentir travailler à tort et à travers, mal assuré, « malabre ». Travailler en subjectivité, c'était consentir à laisser sa conscience s'envahir d'inconscient. C'était, dans une grande obscurité, s'abstenir de l'éclairage du futur. Ce qui a servi à passer fut toujours un passage obscur.

Quand nous entreprenons de hautes constructions, nous sommes aussi des destructeurs et des araseurs. Se réjouir sans retenue des technicités à risque élevé, c'est ne plus comprendre d'où nous venons.

Les moteurs de nos commodités sont les plus grands protecteurs de dettes et d'arrérages. Sous les caves des grandes constructions, il y a des carriers écrasés. Sous les roulements à billes des inducteurs électriques, il y a des cabestans d'épouvante. Ceux qui n'ont aucune idée du passé y sont davantage élingués. Non seulement le projet futur ne nous dégage pas du passé, mais il va l'alourdir.

LA MANIABILITE

L'action par personne interposée, par technique induite, par énergie stockée, ne peut pas se prolonger. L'ampleur de la réussite du travail ne peut pas augmenter la taille de celui qui porte le travail. La victoire sur l'espace et le temps est un bougé dans notre plante, un dévoiement de notre métabolisme, une altération de notre animation.

La complémentarité des techniques et des conventions collectives nous donne l'impression d'une coordination des subjectivités. Il y a une bonne entente qui se cherche et qui se trouve. Puis, il y a une opinion qui pense se servir de la bonne entente sans l'avoir cherchée et même sans l'avoir trouvée. Le partage des tâches, la bonne organisation des professions, les concordances techniques, les commodités vivrières, la sécurité de l'habitat et tous les convenants d'assurance semblent supposés comme allant de soi. Nous appellerons cette rapidité de main-mise sur les bons résultats : la maniabilité.

Le travail n'est pas méchant, mais les hommes ne s'y entendent pas. Ceux qui soulèvent les premiers, hardis, font pencher le fardeau tant de biais qu'ils le déséquilibrent et que les autres, de leur côté, ont les mains calées en terre. Toute chose a deux anses, et il faut soulever celle tournée vers soi, mais sans la faire basculer. Tout travail commence à terre, dans le décollement de la pesanteur. Le travail n'est pas un fardeau à répartir sur les épaules ; il est à porter sous la peau des épaules. Le jeune travailleur, comme le jeune sportif, aura à comprendre qu'il ne continue pas les performances de ses prédécesseurs, mais qu'il les recommence.

Dans d'autres temps, hommes, femmes et enfants couraient après les bêtes, portaient des pierres, tiraient la charrue, poussaient des troncs d'arbres. Et ils cherchaient comment mieux s'y prendre. Courir, porter, tirer, pousser sont les quatre grands verbes humains qui ont fait le plus de travail. Forcer en avant, forcer en arrière, se soulever de terre, s'enfoncer sous le poids sont les quatre grandes directions de l'énergie humaine. Tout l'honneur des hommes passe par ces quatre sens, passe et s'élance bien au-delà. Vivent les rêves passés là.

Le malheur est que d'autres rêves vont en ces sens, sans être issus de la peine corporelle. Ils accompagnent. Ils font la route avec les rêves marcheurs, mais ils ne marchent pas. Ils activent les rêves bâtisseurs, mais ils ne bâtissent pas.

Sur le chemin de l'aller, les hommes vendent leur plan de projet. Sur le chemin du retour, les hommes vendent leur projet réalisé. A l'aller, le prix est très cher et la chose n'existe pas. Au retour, le prix est dérisoire et pourtant la chose existe. Misère de misères, nos œuvres ne gagnent pas à s'accomplir. Il y a derrière nos actes et nos fabrications une dépréciation instantanée. Non seulement l'objet perd de sa valeur, mais l'acte qui le fit.

La vigueur ne se tient pas avec des valeurs économiques. Les valeurs fortuitement intellectuelles sont des suites des valeurs économiques. Mais la vigueur qui manque le plus est la vigueur sans évaluation, l'aller simple de l'entrain.

Quand le langage de l'action rejoint le langage de l'argent, il n'est plus un langage de liberté. L'argent est l'objet le plus barbouillé que nous puissions avoir. L'héraldisme des peines est grimé de farces et attrapes. Les travaux bien payés y sourient. Les travaux mal payés y pleurent. Les monnaies d'aujourd'hui sont les successeurs des anciennes, d'où elles ont été fondues et coulées. Un grand mémorial de dépits.

Qui peut reprendre soin de tout ce qui s'est manqué ? La conquête de l'universel par le chiffre est un éloignement de la conscience particulière. Il y a une impossession croissante du chiffre croissant. Le temps nous amène la fatigue nerveuse d'une longue marche dans une très longue impasse et finalement, le fond de l'impasse ne s'atteint même pas.

LE MANIEMENT

Le travailleur vit de son travail sans rien en dire. La connaissance que donne l'épuisement des forces va au compte des fatigués, non à celui des infatigables. Le travail des uns ne fait pas le travail des autres.

C'est la fatigue du travail qui reste la vraie possession du travailleur. Elle donne à comprendre ce qui ne se comprend pas par ailleurs. L'exercice du travail donne accès à une forme supérieure de l'intelligence et à une aptitude de loyauté. Cette spéciale compréhension ne s'acquiert pas en participation de groupes, mais par le contact individuel, non seulement une fois, au moment de l'initiation, mais dans un exercice naturellement permanent.

Le travailleur vit de son effort sans rien en dire. Ayant eu authentiquement l'intuition qu'il n'était pas vu, il finit par désirer que son effort ne soit pas connu, qu'il soit évalué le moins possible, qu'il soit mêlé le moins possible, que les travailleurs se distinguent le plus possible les uns des autres, de façon à ce que la forfaiture ne s'y glisse.

La candide fraternité des travailleurs n'est pas un statut de mercenaires, ni un privilège dans une principauté. Elle n'est pas dans un consentement commun à l'effort espéré universel. Elle est dans l'acceptation solitaire de l'effort dépouillé de son universalité.

Qu'est-ce qui fait le travail ? L'énergie. Qu'est-ce qui fait l'énergie ? La pensée. C'est pour cela que le travailleur ne parle pas de son travail, ni de son paiement, tout occupé qu'il est de sa pensée, de son souci de tenir le coup.

Nous avons eu si souvent l'impression de soulever le monde, que d'avance une certaine goguenardise nous dit « Pas vrai ! ». Mais le travailleur se tait sur l'inutilité finale de son travail, dans la crainte d'être plus mal payé, ou plus mal compris. La main de l'homme transforme le monde, mais, énigmatiquement, le monde transformé laisse la main encore plus étrangère.

Qu'est-ce qu'un cheval, s'il n'a passé par la main de l'homme ? Notre main tient les chevaux, les outils... et toutes choses. Nous vêlons une vache, nous regardons les pattes du veau, nous surveillons la langue gonflée, mais il y a un moment où nous finissons par regarder notre main. Nous tombons en panne, nous défaisons des boulons, couchés sur le dos. Puis... il faut rompre. Quoi que nous fassions, il faut se décider à se rendre compte de notre maladresse, ou de notre incapacité. Quels que nous soyions, nous ne participons pas moins aux évènements en cherchant à nous voir. Nous ne nous désengagerons nullement à suivre notre bougé dans l'immobilité des choses, ou notre immobilité soudaine dans la mobilité de tout.

Notre main n'est pas un outil de travail. Elle reste ce qu'elle est, nous ne la dégantons jamais. La main est sous la peau. La main n'est pas ce qu'elle fait, elle est ce qu'elle est.

Cette incroyable affaire où nous ne sommes jamais d'accord avec la réalité, cette inexplicable existence où nous sentons que ce que nous faisons ne diminue jamais ce qui reste à faire, ces incessants préparatifs où nous ne sommes jamais prêts, nous essaierons de l'appeler : le maniement.

Si on imagine une manière de travailler où l'effort personnel n'est pas la source, on invente un procédé de technique et d'habilités manœuvrières où, pour soulager le travailleur, on lui fait produire plus avec moins de peine. Il y a donc une certaine manière de brancher le métabolisme de chacun dans le long développement d'une globalité des tâches.

Mais nous sommes ainsi partis pour oublier le primordium. Si nous ne voyons plus les traces de notre acte, nous ne sommes pas loin de nous entendre dire que bientôt on ne verra plus les traces de notre être. « Cela donne à réfléchir » nous est suggéré dans le sens de « Cela ne vous laisse plus à réfléchir ».

L'homme se comprend lui-même, non dans la production d'une tâche, mais dans la consumation de ses forces. La tenue humaine, ce ne sont pas les objets que nous avons à la main, c'est notre main elle-même. L'homme n'est pas ce qu'il porte, il est ce qu'il supporte. La main aussi est une intériorité.

Nous voulons savoir si la cloque de notre peau est gonflée d'une animation ou de rien. Nous voulons savoir si notre main est une force nue, un émoi signifiant ou une irisation en cinq ongles, insignifiante. Avons-nous un sens, si nous n'avons que nos actes ?

L'acte est bien le principal rassemblement de nos forces, de nos désirs, de notre intelligence. L'acte est le signe de notre volonté. Les œuvres sont des preuves, mais ce n'est pas tout.

Nous nous considérons ailleurs que là. Nous allons bien ailleurs qu'à la rencontre où les projets se discutent et les réalisations se paient. Nous allons à une plus lointaine réunion.

Ce que nous avons fait hier s'est perdu et n'a pas été porté en symbiose. L'essentiel ne s'est pas imposé. Le licite n'a pas gagné sur l'illicite. La plénitude de la vie ne s'enseigne pas. Le vide de le pensée ne se verse pas. On ne force pas quelqu'un à prendre conscience de ce qui échappe à sa conscience. On n'impose pas de force le sentiment de la faiblesse.

Avec un boulon cassé dans une main, un boulon neuf dans l'autre, il arrive que le travailleur s'interroge.

Entre ce qu'il vient de faire et ce qu'il va faire, il se trouve dans un état second, ou plutôt dans un état troisième, car, entre ce qui est accompli et ce qui est inaccompli, s'il n'utilise plus son souvenir et pas encore son projet, il lève une pensée qui n'est ni examen de ce qui est arrivé, ni un examen de ce qui se prépare.

Peut-il forcer l'inaccompli à se rattacher à l'accompli et clore sa liberté sur un rattachement au passé ? Ou peut-il forcer l'accompli à rejoindre l'inaccompli et faire servir ce qui est fait à ce qui se fera ? Il lui suffit de se poser ces deux questions pour comprendre qu'il ne peut pas répondre et que par conséquent, dans cette impossibilité de répondre, se tient un droit nouveau.

Face à ce qui n'a pas de droit de réponse, se tient un droit qui n'est pas concerné par les questions.

Le lieu où le travailleur partage ce qu'il a fait d'avec ce qu'il fera et ne se soumet à aucune de ces instances, le lieu où il partage les temps et n'en garde aucun, ce lieu est le grand pays où ses paroles vont bien. Dans un certain langage, sans demande ni réponse, le travailleur sait qu'il peut être cru sur parole. Il y a une logique secrète.

Expliquer le destin de l'homme par son travail n'est pas suffisant pour le travailleur. Une connaissance plus subjective des résultats du travail est l'aventure de nos jours.

L'expérience de l'effort s'apparente à l'expérience de la maladie. L'expérience du travail n'est pas un exercice social mais existentiel. L'imbrication des activités humaines les unes dans les autres, l'obligation des charges, la chaîne nécessaire des œuvres, l'échange des informations, les lois de l'offre et de la demande, le souci de la plus-value, ne doivent pas faire oublier que l'effort est toujours à sortir du cœur. Le dévouement au travail est sans dévotion à l'établissement qui l'organise. Le dévouement est invendable. Il est le trésor personnel qui reste excepté dans la vente et l'achat. Il est sacrificiel.

L'expérience du travail est aussi une expérience de la déraison. L'organisation rationnelle ne trompe plus à se déclarer suffisante. La lucidité ne gagne plus à ne pas s'avouer manquante. La connaissance du désespoir que certains voudraient mettre au conseil de l'universel n'est pas seulement le monopole des révoltés.

Les travailleurs connaissent une affliction qui n'est pas dite dans les révoltes. S'ils ne reportent leur dépit sur personne, ils éprouvent le sentiment de l'inutilité de leurs efforts, et, s'ils veulent comprendre, ils approchent le désespoir plus que ceux qui travaillent à l'établi des plans et des chroniques, car l'échec du geste corporel est un plus grand tourment que l'échec de la parole.

Personne n'a la bonne analyse de l'insuffisance humaine. Ce n'est pas parce que la souffrance est une bonne éducatrice qu'il faut l'imposer. A peine avons-nous compris la portée de la souffrance, qu'il nous faut l'écarter des autres. La connaissance est si lourde qu'il ne nous appartient pas de l'offrir. Chacun vient se charger seul et s'en va, voûté sur son vide.

Les amis du travailleur, qui d'ailleurs peuvent être des travailleurs (mais qui, ici, parlent au nom de l'amitié et non au nom du travail) l'entourent de prévenances, de projets qui l'emmènent loin de lui. Les amis du travailleur, qui parfois peuvent être aussi les siens, le pressent d'oublier la notion de l'épuisement du temps qu'il découvre dans le travail. Les femmes souvent invitent à plus et à mieux : elles fatalisent.

Les enfants, eux, sont les grands emplacements de la source

du courage. Les enfants, eux, demandent le temps et offrent de le porter. Une grande tristesse fut ouverte au cœur du travailleur lorsque cessa la compagnie de son enfant.

Il y a sur le travail une théorie technicienne qui vulgarise la maniabilité des choses. Mais la suite est laissée imprévue. Pourtant l'imprévu, même s'il est imprévisible, est une obligation certaine.

La maniabilité est une science. Le maniement est une morale. Nous avions pensé que l'aptitude au savoir-faire s'avançait d'âge en âge, mais nous continuons de nous blesser à l'inaptitude. Nous avions pensé que la vie augmentait la connaissance du temps, mais nous restons endoloris de nos inconséquences.

Lorsque nous avions essayé de distinguer la maniabilité et le maniement, nous avions commencé par trouver que la main précédait l'intelligence et que l'intelligence laissait derrière elle une maîtrise durable, prolongeable et progressive.

Mais la poursuite nous amène à demander le secours de la main d'une manière toujours future. C'est donc que le maniement qui tient l'œuvre humaine n'est pas une tâche accomplie, et que la maniabilité que nous tenions pour postériorité avantageuse aux générations suivantes est en réalité, face à l'homme vivant, une antériorité obligeante.

Venus à bout des adversités anciennes, nous nous croyions parés aux adversités futures. Mais nous n'avions pas vu que notre exigence de jouissance et de droit se posait avant l'existence à venir. Et toute volonté posée avant la vie n'est pas la vie. Toute souveraineté acquise est sans droit sur ce qui n'est pas acquis.

Pour connaître la vérité existentielle, nous ne pouvons utiliser ce que les autres savent, ni ce qu'ils font. Pour nous mettre à notre place dans cette connaissance, nous ne pouvons pas utiliser indéfiniment ce que nous savons, ni ce que nous faisons.

L'adhésion à la vérité est un acte bref, totalement de nous, mais la suite ne peut pas être de nous, de même que l'antériorité n'était pas de nous. Pour savoir, au bon moment, que nous ne pouvons pas utiliser continuellement ce que nous savons, il faut d'abord avoir pensé à ses propres moyens, sans avoir eu confiance en eux.

La vérité n'est pas dans les autres comme un consensus. Elle n'est pas en nous, comme un solipsisme. L'expérience d'une vie ne se prend pas sur une vie pour aller se réaliser à l'aide d'une autre. Chacun n'est selon aucun.

En théorème toutes les délivrances sont trouvées ; au travail toutes les vicissitudes nous attendent. Et après le travail, l'incroyable arrive : le travail ne compte plus. Chacun n'est pour aucun, car chacun n'est pas pour lui-même. Le travail envers soi n'aide pas le travail envers les autres. Et la modestie envers les autres n'aide pas la modestie envers soi. le travail, la modestie, la lucidité ne vont pas au devant d'un autre travail, d'une autre modestie, d'une autre lucidité. La franchise ne va pas au-devant d'une autre franchise. Tout ce qui est bon en nous va au-devant d'un préalable qui est sa bonne loi. Nous croyons incorrigiblement que le préalable est une vieillerie, or c'est la nouveauté à laquelle nous ne devons pas toucher. La pureté que nous devons laisser à l'après-futur.

Nous nous sommes occupés de l'avoir plus que de l'acte et ce que nous avons voulu pour nous, il nous reste à le subir, à venir des autres, sans comprendre que c'était cela la suite de l'acte.

Le partage de l'avoir est plus facile que le partage de l'acte. Le partage de l'avoir pourra se terminer. Le partage de l'acte ne se terminera jamais. L'acte demande, avant sa réalisation, le sens de la part. Jusqu'à la fin des temps, sans aucun perfectionnement possible, sans commodités nouvelles, et même avec des incommodités nouvelles, l'acte devra être levé en pensée dans une perspective de prudence. C'est comme un enfant qu'il faut faire naître, dans l'impossibilité où nous sommes de le faire naître, il nous faut consentir à ne pas le prédestiner.

Nous parlions un langage d'action pour nous faire comprendre. Le plus dur, après avoir parlé, c'est de ne rien dire. Pour comprendre et pour nous comprendre entre nous, il ne s'agit pas d'agir.

La nouvelle distinction entre être et agir est plus sévère qu'entre être et avoir. Avoir a été facilement écartable comme fondement de société. Agir a semblé absolument autorisé, licite. Nous avons cru que l'acte méritait d'être une radicalité fondatrice. De lui vient la protection de la vie, l'épanouissement.

Mais les traces de l'acte sont de moins en moins biodégradables et les sentiments, ceux-la mêmes dits sans-gêne, restent de plus en plus gênants. Il reste un amas insurmontable de hardiesses.

LE COMMERCE

A toujours supposer plus ample le pays humain, on est réduit à ne plus pouvoir mettre ensemble les actes et les ébats des hommes. « L'acte nous rassemble », mais les résultats de l'acte nous séparent, et à l'avenir, dans nos hypothèses d'action, il faudra prévoir la discrétion.

Nous avons posé des prix indiscutables sur des sentiments discutables. Combien de temps pourrons-nous tenir liés nos besoins légaux et nos désirs illégaux ? Pendant combien de siècles pourrons-nous hausser la plus-value de toute valeur, de tout travail ? Pour combien de pays pouvons-nous établir un pareil statut ? Quand tous les pays en seront à ce régime, chacun sera à la fois l'homme qui a cherché la plus-value, l'homme qui a payé la plus-value et l'homme qui n'aura plus de plus-value à sa disposition.

Occupés à trouver des manières qui devaient servir à redistribuer l'espace et le temps, nous n'avons pas fait attention à ce que nous faisions, et nous n'avons pas vu que nous négocions avec l'agioteur. Nous n'avons pas deviné que l'agioteur deviendrait le pivot du monde ; Mais il n'y a pas d'agioteurs. L'agio est au centre de nous-même ; c'est une table ronde perpétuelle où nous convoquons tous les hommes, où nous faisons comparaître les pays, où nous jugeons les régimes, où nous établissons les prospectives. Tout l'argent est sur la table, nous le distribuons. Tout le pain est sur la table, nous le distribuons.

Le travailleur est le premier à deviner que ce n'est pas vrai. Le travailleur, qui fut le premier à compter sur lui-même, est le premier à douter de lui-même. Il n'est pas permis à d'autres de profaner ce doute en s'en servant. Il faut laisser au travailleur l'honneur de s'en servir lui-même.

Le parallèle entre la maniabilité et le maniement a permis à des médiateurs de se placer entre les deux et de considérer comme le code du parallélisme de faire avancer à la fois les deux lignes de l'effort humain, celle dite de la théorie et celle dite de la pratique.

Mais plus les hommes ont cherché les accommodements de la théorie, plus ils ont vu la nécessité de poursuivre la peine initiale. Même si l'outil a changé, même si les manières se sont embellies, même si les jeux abondent, la peine initiale reste la peine initiale.

C'est alors que, cherchant du regard les hommes organisateurs qui vaquaient à l'entregent entre la maniabilité et le maniement, nous voyons qu'ils ne sont plus le long de nous.

Par habileté, par nervosité, nous avions partagé les tâches. Mais nous nous étions trompés, il faut encourager le resserrement des tâches dans la même main. Ce n'est pas le rendement qui demande cela, c'est le repos du monde des travailleurs.

Quand le travailleur se repose, personne ne doit travailler sur son chantier. Le projet dessiné, la nuit, dévalue l'acte de la veille. Le dynamisme du travailleur est un dynamisme du matin. Il est consumé le soir. Le dynamisme du soir prend ce que le travailleur délaisse pour le conduire plus loin. Mais les travaux accomplis après lui dressent une illégalité que personne n'a encore vraiment désignée.

Le travailleur doit travailler non pas dans l'exploitation de l'acte, mais dans la perspective de gagner l'authenticité d'être cru sur parole et de trouver le repos.

L'après-modernité ne donnera pas de conquêtes, ni de défaites. Les hommes à venir ne prendront pas la suite des anciens cœurs, ni des nouveaux. Ils prendront tout : le début et la fin de l'autonomie mentale. Nous disions qu'il fallait beaucoup de relais entre la parole et l'acte. Mais dans la pensée autonome, il n'y a pas de relais.

La perte d'un certain langage de la modernité fut l'élargissement de l'audience, comprise comme l'élargissement de la communication. L'homme du lointain peuple, était-ce celui que l'on voulait faire parler ? Non, c'était celui que l'on voulait faire écouter. Et même le tiers cœur n'était pas celui dont on cherchait l'assentiment, c'était celui dont on voulait se faire aider pour vaincre ceux que nous n'avions pas pu convaincre.

Entre les paroles, celui qui écoute croit qu'il intervient. Après les échanges d'un dialogue, les hommes qui n'ont pas parlé croient qu'ils ont perçu une synthèse. Mais l'unité de la vérité est plus dure que la réunification du savoir-faire.

Partis pour appréhender le réel, le maîtriser et nous établir, nous sommes en route pour ne rien maîtriser, devenir insatiables et rester inconstants. Il y avait à comprendre. Il y avait à ne pas comprendre. Et la récapitulation de ces relativités est un absolu impossible à saisir. Il ne faut pas s'amuser à additionner la suite de nos investissements.

« — Alors, pratiquement, que faire ?

— Pratiquement, mes mains font ce qu'elles font, dit le travailleur. Si cela ne dit rien, c'est que le « pratiquement » qu'on veut me faire dire est un « théoriquement » qui pourrait servir à tout le monde comme outillage. Mais les outils sont théorie et mon courage est une pratique. Le turbin n'est pas une turbine. »

Récemment, le savoir et les sciences et leurs applications étaient donnés comme une théorie ; et nous nous laissions aller à dire qu'il n'y avait qu'à mettre en pratique et que la pratique devait être rapide et brève.

Mais en après-modernité, nous mettons la main aux mots et aux choses d'une manière qui continue de nous dérouter. Nous avons reçu la maniabilité comme une gaieté, il nous reste à tenir le maniement comme une contrariété.

La morale vient après, mais il fallait qu'elle soit perçue avant. Le sens moral qui doit tout endurer précède et suit la technique. C'est la technique qui doit être brève, car le moment technique est une césure dans l'intimation, et ne faut-il pas que l'arrêt de l'intimation soit très court puisque c'est une respiration ?

Au dernier moment, les responsables de la cité demandent au travailleur de les aider à moraliser. Ils en sont toujours à la « dernière minute », selon le renseignement des journalistes. Et dans cette avancée, la stratégie à suivre à travers les faits et les arguments n'est pas sans les inquiéter. Ils veulent au moins l'avis du travailleur, ils veulent s'associer à son assentiment, ils veulent soutenir son effort. Ils finissent par vouloir connaître l'emplacement du travailleur.

Mais il n'y a rien dans la place du travailleur. Son for intérieur n'est pas un a-parté où l'on peut entendre quelque chose. Son émoi est une force épuisée, une pensée vidée. Sa vie est authentiquement vécue, c'est-à-dire qu'elle est mourante.

Ne plus penser que le travailleur a une réponse qui peut établir des fondements de raisons sociales. Regarder le travailleur : il ne vient pas porter secours ; il s'en va ; il n'est pas loin d'appeler au secours ; il s'en va sans déclencher d'éboulis.

Insatisfait de notre chantier, l'homme de prospective peut-il être satisfait de notre commentaire ? Lorsqu'il nous demande d'être concrets au lieu d'être demeurés et plaintifs, il pense mettre en route quelque chose qui pourrait servir à tous.

Ayant goûté à notre désarroi et se disant commensal de tous les désarrois, l'homme de prospective invite chacun de nous à fournir le renseignement spécifique que l'ensemble attend de nous. Une communication universelle permet une orientation générale.

Or, l'enchaînement des paroles n'a pas abouti à la bonne entente des intimations. La communication des médias est une électrocution du sens intime.

La concordance des arts techniques et équipements, qui devait faire office de morale et d'économie, n'a pas trouvé la concordance des besoins. De même qu'il y a eu des crimes de nation, il y a des crimes d'entreprise. Toute fabrication n'est pas licite. La faim ne tolère pas indéfiniment la fabrique d'objets. Le monde industriel n'a pas fait attention au bon moment et le reste du monde ne veut pas faire attention où le monde industriel n'a pas fait attention. A chaque jour, sa nuit.

Dans l'interchantier, il y a eu trop d'équipements, trop de diesels. Dans l'intersubjectivité, trop de déesses. Les courages sont des subjectivités et entre les subjectivités, il n'y a pas l'échange que l'on disait.

Les subjectivités sont intermittentes, maladroites, insuffisantes. Or, les hommes de la modernité ont cru à leur adresse, à leur suffisance et à la perpétuité de leurs affaires.

Ils ont transmis leurs idées en disant que les thèmes en étaient imposés par l'actualité. Ils reçoivent l'écho de leurs propres réflexions répandues dans le monde et ils disent : « Objectivement, voilà ce que dit la conscience actuelle du monde ». Ils ont distribué leur quant à soi et l'ont appelé science sociale.

Croire avoir une pensée objective, c'est ne pas comprendre la pensée comme mourante. C'est la négation de la pensée vivante.

L'ENDURANCE

« Et si nous en savions plus, nous pourrions en faire plus ». Mais pour en avoir fait plus, beaucoup plus, ne sommes-nous pas, un jour, immobilisés ?

Nous pensions répartir les activités et laisser sous-entendues les passivités. Mais il y a une endurance qui non seulement n'est pas favorisée par l'endurance des autres, mais au contraire accablée par ce qu'elle laisse à endurer aux autres.

Il n'est plus suffisant de dire que nous avons travaillé sans connaître les conséquences. Nous sommes devenus des installateurs d'inconséquence. Nos moyens nous ont trahis.

Alors que la logique nous entraîne dans un enchaînement d'exercices, alors que toute technique se complique à se poursuivre, il nous faut assurer la constance d'un préalable. Aucun travail ne nous porte, c'est nous qui portons les travaux. Endurer, non pas durer, est le vrai futur du verbe être. La certitude qu'il faut porter ce que nous faisons est une perception qui reste à découvrir hors des analyses habituelles de la situation.

L'endurance est une aptitude à recevoir la suite de ce qui nous est donné, une continuité de la passivité sous toute la suite des actes, une permanence sous les diversités des conditions, une séparation à supporter dans le chemin et l'événement.

Endurer est la strate la plus basse du verbe être. Nous laissions définir « être » comme « avoir une réalité » ; mais il y a, là-dessous, une base qui consiste à « pouvoir avoir une réalité », machinalement nous disons « pouvoir avoir une durée ».

Il y a un emplacement où — s'il n'y a pas de fond — nous sommes perdus. S'il y a un fond, nous sommes sauvés.

Endurer est une passion à nulle autre pareille. L'endurance n'est pas une forme de résistance à la fatigue, à la douleur, au besoin. C'est la conscience de souffrir, seul, la rupture pour être, pas encore libres et pas encore grâciés.

Le visage de l'endurance n'a pas les traits endurcis d'un héros basané, mais le visage tendre de l'enfant naissant. Ne pensons pas que la grâce sera courte et la liberté longue. La liberté est brève et la grâce sans fin.

Tout ce qui nous a empressé, nous a oppressé. Et il n'est pas possible de surenchérir l'endurance virile, nous avons seulement à soutenir l'endurance enfantine. Il n'est pas possible de renforcer la force native.

La véritable endurance est une place à tenir, un temps à subir, un sens de la part à préparer, un corps à mener aux limites, un langage à conquérir et à dépasser.

Marcher, porter, manger, penser. La tenue de l'acte est le lieu et le temps du verbe. L'acte ne repose pas sur un autre acte : il nous est attenant. Nous sommes subjugués sous les verbes de vie ; nous ne sommes pas assujettis à nos actes ni à ceux des autres.

Il nous faudra comprendre que ce que les autres endurent nous reste interdit et ce que nous endurons n'aide pas les autres. Détachés pour naître, séparés pour marcher, tout nous indique que les actes de vie concernent celui qui les vit.

Il n'y a pas la continuité que l'on disait dans la suite des actes. Il s'en suit donc que les travaux les plus sophistiqués sont les plus inopinés pour le cœur humain et que le convoiement des antécédences est inattendu. La suite des anciennes déterminations nous rapproche d'un danger plus que d'une libération.

La détermination universelle ressemble à un échangeur d'un haut risque, où tout le monde passe. L'émulation des actes, leur interférence, la hardiesse à les établir, la volonté de les défendre rendent dangereux tout exercice d'autonomie. L'acte inspire l'idée de force.

Un homme agit. L'autre endure ce qu'il fait. Désormais, si nous donnons à tous les mêmes droits et les mêmes devoirs, chacun fait un tour complet sur lui-même. Chacun agit et endure, sans pouvoir poser sur un autre temps ni un autre lieu un quelconque fondement.

Plus nous avançons, plus nous voyons que ce qui nous aide nous laisse engagés dans ce que nous n'avons pas fait. L'alliance avec d'autres hommes nous donne-t-elle leurs responsabilités ? Nous avait-elle donné leurs libertés ? Les responsabilités ne se souffrent pas en co-responsabilités. Les co-responsabilités se souffrent en responsabilité. L'acte est communautaire. L'endurance est solitaire.

La progression dérange ce qu'elle ne saurait ranger derrière elle. Si les robots nous aident à faire et s'ils ne nous aident pas à souffrir, il faudra bien finir par comprendre qu'ils nous font souffrir. Car nous endurons ce que nous avons fait ou fait faire en plus de ce que nous sommes. Nous souffrons déjà d'être. Nous y ajoutons souffrir d'avoir et souffrir d'agir.

Bien plus que l'ancien avoir qui s'accumule difficilement et se réajuste mal aux croissances, l'homme de la modernité a désiré acquérir la possibilité d'une grande puissance. Il a mis en place un grand établissement d'énergies.

Il apparaît maintenant que le stock d'avoir n'est bon que s'il peut être transmué en stock d'actes. Ce que l'homme de la modernité a demandé au groupe, c'est de stocker son pouvoir d'action.

Or le combat de notre acte contre le temps tourne toujours à un affrontement contre les autres hommes. Pourtant, notre labeur est bien le nôtre : c'est un effort contre nous et non contre autrui.

L'idée que le temps ne nous appartient pas, qu'il est à défendre, à conquérir, à développer fut une inquiétude de la modernité. Or, le temps n'appartient à personne. Agir dans le temps n'est pas se quereller pour une possession.

Avoir reçu du temps, est-ce un conflit ? N'avoir pas tout reçu, est-ce un conflit ? Agir pour recevoir encore, est-ce un conflit ? Recevoir encore, n'est-ce pas affaire de grâce ?

Si nous n'avions pas mis le lieu de la lucidité en nous, nous en serions encore à lutter pour que d'autres nous le donnent. Et si nous avions voulu recevoir l'explication du monde pour la donner, nous en serions encore à chercher l'initiateur.

Mais tout échange s'est fait attendre et même, en vérité, il n'y a pas d'échange et nous-mêmes ne rendons rien.

Nous nous sommes avancés comme si nous allions recevoir un relai, mais au moment de comprendre que nous ne repasserons pas le relai et qu'en existentialité personne ne remplace personne, notre main revenue à nous, nous est apparue insuffisante, manquante et fautive.

Alors que toute logique s'allonge, alors que tous les travaux du monde se tiennent, celui qui est à la fois le logicien et le travailleur se lève pour tout faire ; et s'il commence à raisonner, il faut qu'il soit capable de poursuivre et qu'il accepte de s'arrêter.

Aucune endurance ne se porte d'un homme à l'autre. C'est chacun qui porte l'endurance, au point qu'endurer c'est faiblir sous la résolution d'être.

L'UNION ET L'UNITÉ

Qu'il n'y ait rien de fait, que tout soit à reprendre, cela invite à un bon entrain. La force du courage ne manque pas, mais il lui est astreignant d'être lié aux découragements.

La prudence est naturelle et facile, mais il lui est difficile de se mettre avec les imprudences. La bonne entente est spontanée et plaisante, mais il lui est pénible d'être mêlée aux inconvenants. Plus les solidarités connues se dessinent, plus les inconnues sont oppressantes. Plus nous sommes réunis, plus nous sentons trembler ce qui n'est pas avec nous.

La communication de tout avec tout est difficile à supporter. Elle conduit à un abaissement du niveau des forces communiquées. Elle nous engage à une forme de pauvreté intellectuelle, à un épuisement de nos volontés pour lequel nous ne sommes pas prêts. « L'union fait la force ». Comment nous préparer à comprendre que l'unité fait la faiblesse ?

Quand les hommes s'éprouvent forts et qu'ils se trouvent suffisants et qu'ils offrent leurs services avec assurance, ils ne se doutent pas de la suite. Ils rendent vicieuse la succession de leurs vertus, malaisé l'héritage de leurs aises, désespérée la suite de leurs espoirs. Il y a trop de faiblesses cachées dans le monde des hommes, pour que la mise en commun que nous attendons ne conduise pas à un fléchissement des volontés déjà manifestées.

La réalité de l'unité humaine est une intuition que nous obscurcissons à vouloir éclairer. Si nous essayons de la définir pendant quelques pages, c'est avec le dessein de dire en conclusion : fini l'examen, il faut rendre la copie. Finies les fouilles, il faut rejeter la terre dans le trou creusé. Les débris trouvés nous ont instruits, mais nous ne pouvons pas nous en servir pour reconstituer un ensemble.

IV

LA NOTION DE L'APRÈS-FUTUR

LA MODERNITÉ ET LA DISSIMULATION DE L'ANTÉCÉDENCE

Heureux des maisons construites, des ponts et des routes, nous trouvions normal et actuel ce que nous tenions d'une antécédence. Nous pensions que le monde industrialisé était un monde alimenté et nous pensions que les gaietés industrielles étaient des gaietés naturelles. Nous apprenions avec entrain le savoir-vivre de l'autonomie, car nous avions gagné une certaine force dans l'automobilisme.

Les manuels se sentaient forts et presque suffisants ; ils comptaient sur les intellectuels pour l'insuffisance restante. Les intellectuels pensaient raisonner juste ; ils comptaient sur les autres pour le peu qui restait à faire.

Or, la tâche restante de part et d'autre ne cesse de s'agrandir, si bien qu'elle devient pesante. Le danger nouveau est celui-ci : plus les uns sont dynamiques, plus les autres doivent faire des prouesses pour soutenir l'équilibre. Lorsque l'intelligence se jette en avant, la main peine. Lorsque la main se risque à des fardeaux excessifs, l'intelligence est en désavantage.

Les moteurs sont des moteurs de moteurs : nous ne savons plus combien il y a d'hommes à notre service. Nous savons si peu toutes les forces qui s'avancent sous le bouclier de carénage que nous nous méprenons à utiliser des travailleurs que nous ne connaissons pas, et nous nous méprenons encore plus à croire que nous n'en utilisons pas.

Il y a un tel enchaînement de maillons — chaque maillon

étant enchaîné en plusieurs — que cela fait un entre-lac de grillage. Les rattachements sont si multiples que nous n'en trouvons pas de directs ni de franchement nécessaires. Tout le monde doit payer tout le monde, mais il se trouve que dans ce paiement personne ne s'estime premier obligé.

Comment ce que nous faisons peut-il s'ajouter à ce que nous ne faisons pas ?

Dans la modernité, nous avons toujours cherché à nous adapter à ce qui n'était pas de nous. Nous nous sommes organisés par rapport à ce qui était déjà fait.

Maintenant, nous voyons que nous ne pouvons pas indéfiniment faire avancer l'inaccompli sur l'accompli. Nous voyons de plus en plus que l'inaccompli n'est pas entre nos mains et qu'il vient derrière nous.

La question « comment ce que nous faisons peut-il s'ajuster à ce que nous ne faisons pas ? » n'est plus un règlement sur ce que nous avons en vue, mais le pressentiment que nous n'avons pas en vue ce avec quoi nous devons nous ajuster.

La modernité posait la question en l'appliquant au passé. L'après-modernité la pose en l'appliquant au futur. Et ce n'est plus d'être bien renseignés qui nous aidera à répondre, mais c'est de ne pas être du tout renseignés qui nous conduira à une certaine prudence.

Il n'y a pas de cadran d'entraînement entre les divers outillages. C'est toujours une main humaine qui atteint les travaux et les relie entre eux. L'homme, devenu bien outillé, a pu comprendre l'inutilité des années supplémentaires pour les relations des travaux entre eux.

Dans une certaine incommunication des difficultés et des agréments, la vie peut se montrer indivise. Lorsque l'indivision, mal à propos, nous laisse du dépit, c'est que l'unité de la paix nous semble divisible en bonheurs et en malheurs et que la paix nous semble un combat. Mais l'indivision est une absence de conflits.

L'intermittence, l'incommunication sont les moments où le langage, arrêté, salue l'unité. L'intelligence s'exerce sans fusionner avec des intelligences moindres ou supérieures, ni avec l'ignorance, ni avec les arts d'agrément. Plus la pensée se trouve petite, plus elle devine que la vérité est grande. Une intelligence ne peut pas faire le travail d'une autre. Le travail est aux mains du travailleur, non d'un autre. La pensée est au penseur.

Un homme en son épuisement n'attend pas un autre homme épuisé pour mieux comprendre. Tant que les hommes se renseignent les uns les autres sur leur situation, ils s'empêchent de guetter la sensation de leurs limites. Tant qu'ils se font des commissions, ils se voient mal dans l'immensité. Mais lorsqu'ils se retiennent, le silence n'est pas fâcheux. Dans l'incommunication solennelle, le sens de la part devance le partage, le goût de la vérité devance le bien-fondé, l'esprit d'unité demande l'unité avant de la percevoir.

PRESCIENCE

La faculté de percevoir ce qui n'est pas là est un privilège de l'intelligence : nous nous estimons sur autre chose que sur la situation. Mais la perspective du partage des espérances est une illusion, car l'expérience ne se stocke pas quelque part pour se redistribuer.

Nous n'avons pas vraiment dit en commun comment l'excellence ne pouvait être maintenue, ni comment l'injustice ne pouvait être écartée.

Nous avons encore mal saisi à quel point nous nous fermons à répondre à nos propres interrogations, comment nous nous gênons à vouloir nous maintenir, ou nous rectifier, ou nous résumer. Nous avons mal saisi comment nous sommes dépris de nos mérites et de nos démérites.

S'il est impossible de nous supporter en deçà et au delà de nos actes, de nos sentiments, il ne convient pas d'espérer nous réconcilier avec notre impuissance. En fédérant le courage humain, les impuissances aussi s'associent. Toute association nous prive de l'élémentaire conscience de notre point de départ. Moraliser, c'est toujours dépolitiser.

Pour l'impatience du bien, l'impatience du mal, tout nous sert d'exemple. Mais pour la patience, il n'est pas d'exemple. L'exemple accompli n'est pas resté exemplaire. L'acte passif n'est pas resté réutilisable. La patience est d'abord une prescience. La prescience est d'abord une ignorance.

Quelqu'un ment, mais nous ne le savons pas au bon moment. Nous répétons ensuite « quelqu'un a menti », mais c'est beaucoup trop tard. Avant que le mensonge ait lieu, il fallait ne rien croire. Ne rien croire et n'en faire le dommage de personne.

Dans la modernité, les modérateurs étaient des hommes du centre et ils espéraient tout concilier en centralisant tout. Or, le centre où tout se centraliserait est impossible à établir. Les modérateurs désormais sont des hommes de l'extrême-limite. Sous le bec de leur pied, il n'y a plus rien.

Il est plus difficile qu'autrefois de supporter les conséquences de ce que nous disons. Désormais, la parole d'un homme peut faire le tour du monde. Elle s'enclenche dans un réseau de distribution où elle semble disparaître, mais où en réalité elle déclenche l'imitation et la convoitise, ou l'antinomie et le conflit, ou l'énervement et l'épuisement. Elle part d'un bon propos et revient sans propos. Qu'est-ce donc que la parole propose si, revenue à nous, elle ne ramène rien ? Que fait-elle, si, après avoir fait le tour du monde, elle arrive comme d'un désert ?

L'homme heureux n'éduque pas le malheureux. Le malheureux n'éduque pas l'heureux. Le pays avancé n'apprend rien au pays attardé. Le pays attardé n'apprend rien à l'avancé.

Le pays qui se juge médiateur apprendrait quelque chose

aux autres ? Si l'on cherche qui renseigne le pays médiateur, on s'aperçoit que ce sont les hommes des médias. Mais les médias ne sont pas une conscience directe. Ils donnent à établir un dossier par semaine où il n'y a rien à redire. 52 fois par an, nous n'avons rien à redire. Si bien que nous finissons par n'avoir plus rien à dire.

La bonne parole ne dit que l'indivision du monde, mais elle ne donne pas le fur et la mesure de la domination logique. Nous avons pu voir la logique chercher et utiliser l'illogique. Nous savons maintenant que la logique ne clôt pas l'illogique, mais au contraire qu'elle est un apport nouveau qui sera utilisé par l'illogique.

Nous ne pouvons pas aller jusqu'à soutenir le sens de nos paroles dans toutes les oreilles. Nous ne savons pas ce que finissent par comprendre ceux à qui nous parlons. Nous ne savons surtout pas ce qu'il advient entre ce que nous disons et ce que d'autres disent.

Est-ce une liberté nouvelle que de tenir compte de la liberté des autres et de trouver un compte encore plus grand pour soi ? Sommes-nous plus libres grâce aux autres qui ont fait ce qu'ils ont voulu ?

Après avoir trouvé qu'il fallait rejeter les volontés ambitieuses, nous avons trouvé qu'il fallait laisser les volontés s'éprouver. Nous avions trouvé qu'il fallait rejeter les fautifs. Enfin, nous sommes devenus insensibles aux erreurs comme aux coupables. Mais nous restons mécontents de nous parce que nous voulions être contents de tout. Nous n'avions pas pensé que nous devions régler tout et endurer le règlement et endurer ceux qui n'enduraient rien.

La plus grande préparation possible, la plus ample prospective dans le temps et dans l'espace, c'est de se sentir impréparé, de supporter cette impréparation et de s'y engager avec la volonté de ne pas s'y perdre.

Ne pas savoir ce qui est opportun, ne pas connaître la portée de notre acte n'est pas plus désarmant que savoir ce qu'il faut faire et ce qui va s'en suivre. Car savoir ce qu'il faut faire et savoir ce qui va suivre est une manière de renseignement qui ne nous conduit pas jusqu'au bout.

La pensée réduite à s'inquiéter jusqu'au bout ne s'arrête pas sur le renseignement d'un moment, ni sur celui d'une conséquence. La pensée existentielle, contrainte d'aller jusqu'au bout, ne s'appuie pas sur les rationalités utilitaires, ni sur l'initiation morale, ni sur le consensus civique. De plus en plus pauvre, de plus en plus malade, la pensée existentielle va jusqu'au bout. Et le bout n'est pas son pessimisme. En un certain sens, le pessimiste n'est pas arrêté par le pessimisme.

Le défi que les hommes se jettent les uns aux autres n'est pas une invitation à monter toujours plus haut, car les mêmes hommes ne sont pas toujours là et ce sont d'autres hommes qui soutiennent le record. Dans la modernité, les générations nouvelles furent exagérément avantagées dans leur technique d'action et exagérément désavantagées dans leur exercice de pensée. La technique est bien la somme des sciences. La pensée n'est jamais la somme.

La prospective demande aux hommes une preuve perpétuelle qu'ils ne possèdent pas. Il n'est pas possible de maintenir une gigantesque abstraction qui explique le passé, le présent et le futur. L'homme vivant ne tient pas en permanence une somme d'informations. Le défi perpétuel jeté aux enfants sans défiance laisse les uns en état de vertige et les autres, en état de prédestination. L'enfant ne reçoit pas la permanence d'une totalité d'informations. Existerait-il un compte exact des bonheurs et des malheurs, que personne ne saurait interpréter la mise à jour du compte. Et si la justesse du compte était atteinte et organisée, à qui faudrait-il donner le premier bonheur à vivre ? A qui le premier malheur ?

Nous n'avons pas pu et nous pourrons de moins en moins tenir gerbées les douleurs humaines. Nous pourrons de moins en moins les peser. Parce que nous ne pouvons pas faire ce compte, nous ne pouvons pas faire les autres.

Nous avons trop acheté aux hommes qui arrivent avec de l'inaccompli, comme s'ils arrivaient avec de l'accompli.

Les principes moraux, les complexes psychanalytiques, les données économiques, la co-évolution gène-culture, les coutumes (celles auxquelles nous sommes habitués et celles auxquelles nous allons nous accoutumer) n'ont pas de vie propre mais sont vécues par l'homme vivant.

APRÈS LES HARDIESSES

Ce n'est pas la parole de bonté qui fait naître la bonté, c'est la parole dure qui met en œuvre la douceur. Ce sont les paroles séparatrices qui font se lever l'intuition du sens de l'unité. Mais il n'est pas permis de dire en socialité que le dommage suscite la réparation, car l'équipe du dommage finirait par se désigner comme l'institutrice de l'équipe du rachat.

Comment mettre ensemble autrement que par conflit, ceux qui pensent que leur acte change le monde, et ceux qui pensent que leur acte ne change rien ?

C'est celui qui voit sa limite qui peut le mieux voir l'ensemble, comme du seul promontoire où il puisse accéder. Le sens de l'ensemble, et par conséquent le sens de la part, est surtout perçu par celui qui est le plus isolé. Nous appelions cela une retenue, mais c'est la sauvegarde.

Il vient un moment où nous ne pouvons plus cheminer à travers les réussites, car nous avons oublié les bords que l'échec avait touchés. A centraliser les renseignements, nous laissons perdu le contact des limites. Et nous ne marchons pas mieux vers le sens de la vie, après avoir reçu davantage d'informations.

Au point que la pensée existentielle en vient à se demander si elle doit faire plus, ou faire moins, pour mieux percevoir ses convenances. Et il lui semble parfois que, si elle en était à ne rien faire, elle éprouverait un fond beaucoup plus sûr. Cette pensée qui n'a pas pour but de s'offrir à l'universalisation, cherche la relation la plus ténue où rien ne vient se confondre.

Le sens de l'ensemble humain est-il réellement perçu par celui qui, en buvant, croit que sa gorgée va jusqu'au bout du monde ? L'immensité n'est-elle pas mieux perçue justement par celui qui sent sa gorgée tomber dans un évidemment.

« Finalement, de quoi vais-je me contenter ? Qui va m'arrêter ? » Avoir soif, c'est vivre. La gorge s'éprouve elle-même autant qu'elle éprouve son objet. Dans la soif, il y a une impossession qui avertit de toutes les injustifiables insatiétés. Suivant que l'homme s'éprouve comme quelqu'un qui tient sa part comme un pot, ou comme une gorge inextinguible qui ne retient rien, l'homme trouve sa suffisance ou son insuffisance.

Les sentiments intimes sont les premiers sacrifiés, ce sont eux les premiers annulés, car leur brièveté et leur inconstance avertissaient incessamment qu'ils passaient et que tout passait.

Les sciences humaines aussi nous avertissent de la manière dont nous pouvons nous protéger et cesser d'être protégés. Il nous faut être, après elles, avec les moyens que nous avions avant, car, pendant, nous n'avons rien reçu.

Les sciences humaines furent souvent l'occasion d'une association de connaissances, où les arts étaient fêtés sans avoir été inventés, la justice privilégiée sans avoir été soufferte, la morale évoquée sans avoir été intimée.

Mais pendant ces ruses de conférences, la pauvreté existentielle marche toujours, gaiement, sans avoir de plaisanteries à son service.

Nous avons les moyens de connaître le réel et de le transformer, mais n'avons pas les moyens de contenir les transformateurs. Et depuis que les hommes s'acharnent à hisser leurs volontés les unes par-dessus les autres, nous ne pouvons plus suffire à soutenir la hardiesse à travers le temps. Nous nous défendons en un lieu impossible, lorsque nous demandons qu'on nous donne du temps.

Nous n'avons pas le temps. Nous sommes le temps. Plus nous avons la tentation d'en disposer à notre guise, plus nous

nous enfonçons dans des conditions. Quelles qu'elles soient, les conditions laissent le temps s'effuser.

Le temps, avec lequel nous croyons payer ce que nous devons ou nous faire payer ce qui nous est dû, n'augmente pas notre disponibilité, car nous consumons le temps plus sûrement que tout le reste. Nous avons illusoirement créé du mérite et du profit. En réalité, nous mangions et nous devisions sur les travaux et les ébats qui nous avaient mis en appétit.

Il était déjà hasardeux de fondre la monnaie et de monnayer les objets, les services, les lieux et les instants ; c'est encore bien plus risqué d'évaluer la compilation des choses et le dépassement de l'apport global.

Nous ne pouvons plus assurer que nous tiendrons la perpétuité de la plus-value. Nous ne pouvons plus espérer entasser le prix des marchés, la fiscalité et la fourniture des sécurités et la croissance universelle.

Tentés d'appeler progrès les surenchères où nous entraînent les techniques, nous ne voyons plus la peine que nous aurons à maintenir et endurer. La planification ne s'avance que sur l'acquis, mais ne protège plus le courage qui a acquis. En réalité, le futur ne gagne rien, il surenchérit le passé précisément en prétendant ne plus le gagner. Et candidement, nous disons que nous faisons plus, alors que nous pourvoyons à moins.

Une dépression va s'ouvrir sous nos pieds, quand nous verrons que nous n'avons pas amassé de dépôt. Nos actes brûlaient les distances pour tout mettre en relation, mais nous n'avions pas de fond d'exploitation du temps, et le temps, lui, consume nos actes. Il y a une impossibilité permanente de stocker l'acte.

En réalité, la notion de plus-value est un détournement de la notion de besoin de nourriture. Que l'état des choses soit ainsi maintenu, que la fabrication des objets donne de la valeur au monde, veut sous-entendre que le monde reste ce qu'il est et que les hommes mangent. Alors donc ce ne sont pas les choses, ni le travail, ni la science qu'il faut surestimer à nouveau, mais l'homme qu'il faut surélever.

Sans amitié, nous avons de la peine. Avec de l'amitié, nous avons de la peine aussi. Et c'est par amour que nous avons le plus de peine. Lucidement, nous avons de plus en plus de difficultés, au point que tout ce qui reste hors de notre lucidité est une fourniture nouvelle pour une inquiétude nouvelle.

Tout ce que nous pouvons raisonner en plus de ce que nous avons observé nous mène à un souci nouveau. Notre raison est la consumation de notre raison. Et l'absence de prééminence visible est un enfoncement encore plus grave de notre intelligence qui s'était élevée pour apercevoir.

Ce que nous avons fait reste comme n'étant pas fait. Plus simple sera pour nous de dire que nous n'avons rien fait. Sans rien qui vienne de nous, nous attendons que tout nous soit donné. Sans générosité génératrice, nous recevons la générosité créatrice.

Si tout nous est donné comme nous voulons dire, tout sera pareillement donné à chacun. De la manière dont nous comptons recevoir, il y en a pour tous.

Est-ce loyal de conclure ? Oui, il est logique de penser à conclure, mais il n'est pas possible de le faire, en disant que nous sommes les organisateurs de la conclusion.

Si nous tenons le monde en haleine jusqu'à ce que nous ayions fini d'expliquer, nos étoufferons ceux qui nous écoutent. Si nous rationalisons jusqu'au bout, il nous faut nous arrêter à une certaine déraison que nous ne pouvons pas empêcher. L'asphyxie, la déraison, ailleurs l'aveuglement, le mutisme, c'est donc partout que nous sommes arrétés.

Bien que nous fassions de la solitude le plus infime emplacement possible, et du temps la plus vaste synthèse possible, il apparaît que ni l'une ni l'autre de ces extrémités soient fondamentale, et que par conséquent il y a une force qui n'est ni le résultat de la solitude, ni celui de la totalité des temps.

Si, antérieurement à la solitude, il n'y a pas à trouver mais à recevoir, il s'agit donc de comprendre que nous sommes donnés à nous-mêmes. Et si, postérieurement aux temps, il n'y a pas à trouver ni à garder, mais à rendre, il s'agit de nous montrer différents.

LEVER UN LANGAGE

Le travailleur a-t-il le droit d'abstraire, de se retirer momentanément du concret, de récapituler son expérience, de l'élever à la manière d'une lumière pour voir à côté de lui ?

Le travailleur a droit de rompre la conversation, le travail et la fête et de prononcer une phrase impossible à contredire, impossible à réutiliser. Le travailleur a le droit de parler pour lui et de retourner au banal avec le secret. Ne convaincre personne est pour lui un grand droit. C'est la démonstration qu'il est convaincu. Abstraire est le pouvoir souverainement sans prétention.

Chacun de nos émois se réfère à une visée générale. Aucun ne commande l'autre, même dans la plus vive des impatiences. Entre ce que nous éprouvons et ce que nous donnons à éprouver, il y a un éclatement. Entre l'émoi que nous recevons et l'émoi que nous provoquons, il y a une inexplication.

Nos sentiments poussent entre eux une interrogation. Nos actes forcent entre eux une abstraction érectile, qui certifie que, partout, toujours, tout s'est rompu de la même unité.

Si nous avions décrit l'unité du monde, tout se serait défait quand nous aurions eu retiré notre main. Mais nous l'avons indiqué de loin, légèrement, légèrement, car nous souhaitons la blessure légère.

Notre impuissance à tout réaccorder, notre souffrance de voir chaque instant se référer à l'ultime, voilà la « preuve » que l'unité du monde a un Maître-sens et non un chef-lieu.

Lorsque nous mettons notre explication personnelle entre une prise de conscience collective et un travail en commun, nous faisons comme si notre instance personnelle agréait toutes les juridictions, les supervisait et jugeait le sens du monde, comme si, au centre du débat humain, notre radicalité était un pivot du monde.

Or, ce n'est pas au centre que nous sommes seuls, mais au début et à la fin de la vie. Nous ne commençons pas par une prise de conscience collective, mais par une perception solitaire ; et nous ne finissons pas par un chantier communautaire, mais par un épuisement solitaire.

Lorsque nous nous exprimons devant tous, nous donnons une explication loyale et importante, mais nous nous définissons hâtivement entre deux immensités indéfinies avec lesquelles nous ne communiquons pas à ce moment-là.

L'ampleur du monde ne se termine pas dans notre pertinence. Elle n'y a pas commencé. Et ceux qui perçoivent le mieux l'unité du monde restent dans un état de timidité naturelle, c'est-à-dire une attention sous-entendue aux nécessités absentes.

Ceux qui s'expriment difficilement savent peut-être profondément le pouvoir séparateur de la parole. Ils pensent que la parole ne dit qu'une chose tandis que tout serait à dire. Ils préparent une phrase mais ils entendent l'inverse retentir.

Ils sont toujours empêchés de parler par le contraire, mais, au soir de leur vie, le contraire les aide à dépasser ce qu'ils voulaient dire.

Les mots dits lentement à soi-même semblent ne toucher à rien. Ils passent à travers les choses et plus rien n'arrête leur essor. Nous restons redevables de beaucoup d'attention à ceux qui ont été dits. Mais ce n'est pas de les reprendre que nous allons mieux comprendre. Voilà même que nous sommes en arrérage envers ce que nous n'avons pas entendu. Quand fallait-il mieux entendre ? Comment fallait-il mieux voir ?

Les vivants qui sont partis, combattant entre le visible et l'invisible, sont passés entre la vie et la mort. Ils savaient pouvoir passer entre les choses, d'un instant à l'autre. Et ce n'est pas à mieux regarder que nous allons mieux savoir le passage. Ce n'est pas de mieux voir que nous irons mieux.

Ce n'est pas à davantage nous répondre que nous allons davantage nous comprendre. C'est quand nous tenons à ne rien dire que rien ne nous retient. Pour avoir avoué que nous sommes impossibles à comprendre, nous sommes devenus faciles et doux.

Heureusement que nous ne voulions pas prendre la parole comme un terme. Ce n'est pas un malheur d'aller plus loin, sans même savoir le chemin. Longtemps, nous suivrons le passage entre les choses. Longtemps après, en l'absence des choses, nous marcherons selon le sens des mots. Les mots servent plus que les chemins.

Il y a dans le langage un interminable combat et il n'est pas vrai qu'il y ait des combattants. Tout le monde mène le combat, mais c'est un combat contre sa propre expression.

Pour consentir à cet effort, il faut avoir à cœur de chercher à nous rattraper de n'avoir pas pu faire attention au bon moment, en essayant de reprendre une antériorité générale.

Le secret de celui qui lutte contre lui-même, ce n'est pas la haine de soi, mais l'amour de soi. Alors lutter contre soi-même, c'est aider les autres à lutter contre eux-mêmes et donc aussi c'est les aider à aimer ce qui leur est donné d'être.

Si vous ne voulez pas vous arrêter à vous, je ne peux vous rejoindre. Si vous ne vous aimez pas, je ne peux pas vous aimer. Qui vous protègera si vous ne pensez pas que vous pouvez être protégés ?

La vue des fautes ne remplace pas indéfiniment une autre lucidité. Les hommes ne finissent point par ne plus faillir, à force d'avoir vu leurs semblables défaillir.

S'il fallait subsister sans lois, il faudrait que tout soit entendu d'avance ; il ne faudrait pas compter sur les armes. Et puisque nous serions sans autorité, il faudrait que nous ayions déjà décidé d'être sans liberté les uns sur les autres.

S'il fallait vivre sans argent, il ne faudrait plus demander la juste rétribution. Et sans l'effraction du crédit, nous n'aurions plus que nous-mêmes pour tout payer. Ou bien nous paierions instantanément par un service, ou bien nous ne paierions jamais plus et nous resterions insolvables.

Toute argumentation sur d'autres instants ayant cessé, nous en viendrions à cela : payer sous la tyrannie de l'ouvrage, ou ne payer qu'avec de la bonté.

Déjà il faut nous montrer indisponible à la tyrannie et préparer la bonne demande. Préparons les hommes à demander d'être crus sur parole, c'est-à-dire dans l'instant.

Certains qualifient de maximes-éteignoirs les paroles sans réplique. Mais les paroles vivantes sont une flamme très fragile. Le soin du parleur n'est pas de faire taire les autres pour être écouté, mais de mettre ses deux mains autour de ce qu'il dit pour que rien ne s'éteigne. Toute vraie parole a besoin de la présence corporelle de celui qui la prononce pour que rien ne s'éteigne, car justement le corps de son âme s'y consume.

A l'écoute de la musique, l'impression de bonheur n'est-elle pas suivie d'une irritation ? Nous sommes troublés que l'impression de comprendre s'écourte.

Ainsi l'habitude de la musique ne nous mène pas vers un privilège nouveau, mais vers une inquiétude et nous cherchons l'émoi antérieur à l'expression musicale. Le combat contre la musique n'a donc rien à voir avec la critique du musicien. Le combat contre la musique est l'ultime méfiance sémantique.

Tandis que les langages se développaient, se spécifiaient, nous laissions les sonorités s'endiabler. Mais maintenant que nous voulons conclure pour notre compte personnel, il faut tenir pour folles les trompes et reprendre tout par nous-mêmes, le langage du berger, du savant, du chanteur et de la gouverne humaine.

« La révolution sémantique aura raison des autres révolutions ». Mais la vraie conquête sémantique est aux mains de ceux qui n'ont pas eu la peine de la faire.

L'héritage des belles-lettres ne vaut pas la compagnie d'un père illettré pourvu qu'il fût doux. La simplicité est la bonne manière des mots : le tendre et le farouche sont les bonnes manières du verbe. Les enchaînements courts sont une façon loyale de la phrase. La parole humaine est un souffle jamais exhalé, une eau jamais dépulpée de la roche. La vérité humaine ne « sort » jamais de l'homme.

Les hommes qui seront à la tête d'une logique dans l'après-modernité n'ont jamais usé de l'abstraction exploitée par les autres. Chaque fois qu'il leur faut sortir du concret, ils abstraient eux-mêmes sur place, et, quand ils s'en vont, ils abandonnent leur abstraction.

Nous savons aussi que l'aveu d'insuffisance à la tâche laisse un langage ouvert, un corps fatigué et une intelligence défaite. Quel pouvoir voudrions-nous atteindre ou dépasser ? Devons-nous conquérir une cité ? Régenter un siècle ? Refaire le monde ? Ne savons-nous pas qu'il faut quitter ce que nous avons atteint ?

Nous n'avons rien à espérer de la révolution sémantique si nous avons déjà utilisé un langage technique où il n'avait pas lieu d'être. On ne révolte pas son langage sur le tard.

La voix simple s'exprime en travaillant : elle s'élève, atteint son but et s'arrête. Avec qui blaguer ? Avec qui controverser ? Pour qui la coquetterie ? Pour qui la chamaille ? Qui, vraiment, peut compter sur nos mots ?

La voix solitaire est le travail où l'homme se voit, se reçoit, se donne, s'évalue et s'abandonne. Ne pas suivre les mouvements de l'interrogation intérieure du travailleur, ce serait ne pas suivre l'intelligence de l'homme.

La preuve personnelle que certains ont refusée, est utilisée désormais dans la synthétisation du tour du monde, or cette globalisation n'existe nulle part et c'est une vue personnelle de se la représenter.

Un seul ne peut représenter tous contre un seul. Il faut libérer l'homme seul de l'homme seul qui prétend avoir mandat pour le cerner.

Le délégué du groupe guette autour des isolés. Le groupe creuse autour des isolés. L'isolé ne creuse pas autour du groupe.

L'adversité est une maladie dont les peuples ne peuvent pas guérir. L'isolé aussi est malade et sans pouvoir guérir, mais il est malade avant même le conflit. C'est comme s'il avait vu son épuisement avant de s'épuiser. C'est comme s'il avait vu son dépouillement avant d'être vêtu. De ce dépouillement personne ne peut ramasser les dépouilles. Aucun groupe ne peut tirer profit de cette faiblesse.

La preuve totale et non sanglante que l'homme ne peut utiliser à la fois le scrupule et le reproche, le souci et l'insouciance, la douleur et la dérision, la force et la faiblesse, c'est qu'il ne peut à lui seul représenter l'unité du monde.

La perception de l'après-futur se rapproche de la fin des temps d'une manière calme et modeste. La question « qu'est-ce d'un jour ? » est devenue peu à peu « Et après ce jour ? » « Et après cet autre ? » finalement : « Et après tout ? »

Le sentiment de ne pouvoir conclure sur cette dernière question défait toutes les conclusions que nous avons pu établir sur les précédentes. A aucune question sur le futur nous ne savons répondre, et nous avions pris l'habitude de répondre quand même en nous servant de quelques approximations sur le passé.

En réalité, même le passé récent est loin d'être une proximité, il vient d'une filée invérifiable. Avoir voulu l'accommoder est ce qui nous a trompé le plus, les uns après les autres, hommes de tradition et hommes de progrès.

« Mais enfin nous n'y serons pas dans l'après-futur. Ceux qui y seront, verront ce qu'ils ont à faire ». Nous ne vivrons pas l'après-futur, mais personne ne le vivra. Il n'y aura pas à un moment une radicalité de jugement accessible à quelqu'un. Tous les hommes seront dépassés.

Il y a un moment où il faut comprendre que tous les hommes sont dépassés. Nous pouvons éloigner le plus possible ce moment. Nous pouvons le rapprocher le plus possible. Et si nous savions ne pas l'utiliser en actes ni en paroles, nous pourrions le tirer au cœur de l'instant présent et dire non pas au futur, mais au présent : Tous les hommes sont dépassés. L'après-futur, lui, est toujours après nous, il n'est cependant jamais sans nous et nous n'y porterons point notre justification. Nous ne serons pas juges, mais jugés. Nous n'avons pas déjà reçu notre convocation, mais un pré-avis.

Il ne faudrait pas que ce soient les imprévoyants que l'on laisse s'écrier les premiers : « Maintenant, on a tout vu ! » Quand les imprévoyants sont avertis, la catastrophe est arrivée. Là où l'imprudence s'arrête, il y a longtemps que la prudence attendait.

L'empire du temps s'étend d'année en année. Il dispose les pays. Il fait œuvrer les hommes. Mais il attend notre assentiment.

Si l'empire ne sait pas que notre assentiment n'est rien, c'est bien qu'il ne connaît pas l'essoufflement de la vie. S'il croit que nous pouvons le soutenir, c'est bien qu'il ne sait pas de quoi nous sommes faits. S'il croit devenir plus plénier avec notre vie, c'est bien qu'il ne sait pas ce qu'il en est de vivre.

L'empire n'a pas de vie. Il attend toujours le temps des vivants ; il n'a aucun temps.

Le vivant qui a le temps ne s'en sert même pas pour lui-même. Il se tient respirant et rien ne lui reste d'une respiration à l'autre qu'une nécessité d'être.

Le temps que nous connaissons nous laisse à celui que nous ne connaissons pas. Tantôt à regret, nous quittons ce que nous aimons, tantôt dans un éclat de rire, nous renvoyons ce que nous savons avec ce que nous ignorons, comme si cela nous débarrassait.

Nous voulions savoir sans pouvoir savoir. Nous recevions et nous voulions posséder, mais il n'y a pas en nous lieu de posséder. La gorgée, le spasme autour de l'eau bue est ce qui éprouve le mieux l'absence de possession. L'extrême mobilité nous laisse effleurés par l'immuable. L'extinction de la soif prévoit l'inextinguibilité, comme toute intermittence dit la continuité, comme toute séparation dit que rien n'est séparable.

Après les jours révocables, il y a un arrière irrévocable, qui n'est pas celui des jours. Il y a un après-logique qu'aucune logique n'atteint, un arrière-chantier fermé à tous nouveaux chantiers, un sans-opinion qu'aucune opinion ne retrouve, un jugement général qu'aucun témoignage ne change.

Après le passage des jours, il reste quelque chose qui n'est pas le passage. Le succès des jours laisse un insuccès, mais l'insuccès n'est pas celui des jours.

L'après-futur n'est pas un futur plus lointain que le futur communément envisagé et qui s'atteindra. C'est l'épuisement du temps par nous, ou plutôt c'est notre épuisement. Cela ressemble à vieillir mais ce n'est pas un harassement, c'est un dégagement. Nous n'atteindrons jamais le temps qui nous suit. Le plus proche voisinage de l'après-futur c'est l'après-passé. Après tout comme avant tout, la vie nous est présentée.

La vie est une vérité qui ne se sème pas et ne se moissonne pas. Et quand nous croyons que le temps va nous en apprendre plus, c'est que notre conscience démissionne.

Nous avons fait le tour du monde, nous n'avons pas fait le tour du temps. Il y a une notion d'antériorité qui ne porte le nom d'aucun espace, le nom d'aucun siècle. Nous n'y avons pas pourvu.

Nous avons scrupuleusement étudié les époques, enchaîné les événements, soutenu de lourds travaux et nous laissons à nos suivants le contraire d'une donation. Nous avons éloigné nos successeurs de l'origine de la vie, tandis que nous nous disions les initiateurs de l'expansion du monde.

Les travaux d'équipe, les grandes chaînes d'énergie nous font passer la main à nos suppléants. Mais avons-nous suppléé, nous autres ? A force de transmettre plus que nous avions reçu, nous avons fini par laisser mal dégagé ce que nous avons reçu et difficile à percevoir ce qui est invérifiablement antérieur et postérieur.

Nous avons pris des libertés grandes et désiré des

responsabilités petites, c'est la preuve que notre monde ne s'agrandit pas en nos mains. La vertu du bien ne fournit pas. Nous fournissons de moins en moins à l'ampleur du déploiement des temps. La notion de l'après-futur pourrait nous déborder.

Nous appelions « le pays » le temps occupé et nous pensions que traverser beaucoup de temps nous donnait beaucoup de champs. Nous n'avions pas ressenti la dépression que notre rapidité entraînait. Nous avions cru conquérir quelque chose contre qui nous gênait, mais nous étions gênés avant que quelqu'un nous gêne. Quels chefs nous ont entraîné à combattre des forces répressives ? Tous les hommes sont dépressifs. Mais leur inquiétude n'est pas une mesure. Le temps non plus.

V

L'ACTE ERRANT

LA SÉPARATION D'AVEC NOS ACTES

Lorsque nous voyons la maladresse d'un autre, cela nous fait deux maladresses, car nous avions déjà la nôtre. Essayer de ne pas les associer est un bon réflexe.

Il convient de s'écarter les uns les autres pour ne pas soumettre le monde à notre rigueur lorsque nous raisonnons bien. Il convient encore de s'écarter lorsque nous raisonnons mal.

L'intuition supplémentaire à nos certitudes est de deviner nos incertitudes. En déclarant notre insuffisance, nous n'armons pas celui qui se ferait intransigeant à cause de nous, et nous désarmons celui qui se ferait le représentant de ce que nous avons omis.

Nous savons un peu à l'avance que nous allons nous manquer. Tantôt riant, tantôt peinés, nous devinons que nous nous trompons. Jouerions-nous notre vie, que la somme à gagner sur les autres serait nulle.

Si aucun gain n'est donné à ceux qui vont au jeu, aucun gain n'est donné à ceux qui n'y vont pas.

Si aucune paix n'est laissée à ceux qui sont allés au conflit, aucune autre paix n'est laissée à ceux qui n'y sont pas allés. Il y a le malheur de celui qui a tort, le malheur de celui qui a raison et le malheur de celui qui n'y est pour rien.

Chacun recèle une souffrance. Le rassemblement de tous n'est jamais possible. Il ne convient donc pas de se tenir avec l'un, puis avec l'autre dans l'espoir d'atteindre tout le monde. Il faut se tenir en l'absence de tous.

Là, en l'absence de tous, nous pouvons atteindre ce qui anime chacun. L'esprit vient. L'esprit travaille à inclure sans chiffre. Il ne travaille pas sur des chiffres.

Les travaux dont nous faisons notre affaire ne conviennent pas d'être donnés en a priori aux autres, car nous les avons accomplis dans un difficultueux a posteriori. Ce qui nous encourage, décourage autour de nous. L'instinct souffrant qui nous dit de quitter les lieux ne peut pas devenir une bonne invitation pour les autres.

Les conseils réciproques que nous nous donnons nous aident assez mal à soulever la charge particulière. Nous le savions déjà : la consonnance de nos plaintes ne cachait pas la dissonnance de nos douleurs ; mais nous croyions que pour le travail, le ahan commun était une bonne manière.

Quand nous sommes vraiment tirés et vraiment poussés, nous disons : en vérité, nous ne sommes pas entre les deux. A voir que l'effort général veut utiliser notre force particulière nous ramène à gérer farouchement notre faiblesse.

Lorsqu'une scène burlesque se déroule, nous pouvons bien l'annuler grâce aux circonstances antérieures ou postérieures. Lorsque deux scènes burlesques se déroulent, nous pouvons seulement rattacher la première avec un avant-propos raisonnable, ou la seconde avec un après-propros convenable. Mais lorsque trois scènes burlesques se déroulent, la scène du milieu est complètement perdue pour le sens commun.

Ainsi, certaines erreurs peuvent se corriger aisément sous l'influence d'un bon voisinage. Mais, à partir d'un moment, il n'est plus possible de les dégager si les circonstances mauvaises les sertissent. Sans référence à une relativité bonne, nous ne pouvons pas tenir très longtemps à travers des relativités défavorables.

Il n'est pas bon d'associer les fantasmes, ni les ironies, ni les scandales. Il n'est pas bon de compter sur un haut sens commun qui serait intact ailleurs. Les actes bons ne rachètent pas indéfiniment les mauvais. Les espoirs ne tiennent pas le coup dans les désespoirs. La logique ne maintient pas la vérité. La morale ne règle pas la vie.

Il faut pratiquer une coupure entre chacune de nos pensées et entre chacun de nos actes, recevoir un air pur, sinon, dans un enchaînement de vétilles, le monde peut se détruire. Il ne faut plus croire que tout se tient par ce que nous tenons, ni que tout se lâche par ce que nous lâchons. Nos velléités ne sont pas un sens de l'existence ; leur victoire n'est pas une récompense, ni leur défaite une punition.

Dans le combat contre le monde, défendre le monde. Dans le combat contre les rêves, défendre les rêves. Et ne pas croire tenir une bonne position intermédiaire.

Après tout, il reste à se détacher du monde et continuer de le défendre. Se détacher des rêves et continuer de les aimer.

L'ampleur du monde ne peut pas se terminer dans notre pertinence. Elle n'y a pas commencé. Et ceux qui ont le mieux perçu l'unité du monde n'ont aucune idée d'unification. Ils sont seulement avertis par une intuition, dans un état de timidité naturelle.

Maintenant que personne ne s'oppose à la vie associative, il reste à savoir ce que l'association nous a permis et ce qu'elle a empêché. Devenus plus efficaces, plus forts, plus unis et plus libres, nous ne pensons plus que nous pouvons être trop efficaces, trop forts, trop unis et trop libres, car il nous est incroyable que tout le monde ne soit pas avec nous.

Ajustés aux meilleures techniques, ordonnés dans une puissante coopération, nous prenons facilement les responsabilités préparées, mais nous les rendons encore plus facilement. Nous nous déchargeons avec empressement, nous cherchons des remplaçants et nous supposons que quelqu'un arrange derrière nous nos élaborations.

Or, dans l'après-modernité, il est apparu que personne n'arrangeait. Quand nous travaillons, d'autres vont boire.

Quand nous allons boire, d'autres travaillent. Il y a trop de travaux pendant les jeux, et trop de jeux pendant les travaux : nous laissons une permanence s'établir ; nous pensons que la permanence nous dispense de la notion du transitoire.

C'est l'homme qui est associatif et non la société. L'homme est indéfiniment sociable, convivial, mais mortel. Le groupe est associatif, instrumentaliste, or il ne pense pas à mourir. L'homme est la rectification incessante de la société, non pas dans un esprit de réforme, mais dans un esprit de liquidation.

Les présupposés de l'existentialité ne veulent pas en leur vérité cesser d'être des présupposés. Le besoin veut toujours être un besoin, la perplexité veut toujours être une perplexité. La brièveté consent toujours à la brièveté. La particularité, toujours persuadée de l'universalité, ne possède pas la communion, mais elle est possédée par la communion.

La pensée autonome escompte toujours la logique universelle, mais sans la monnayer.

Le sens commun a-t-il un sens que nous avons établi en commun ou un sens que nous percevons solitairement ? Notre volonté ne fait pas le sens commun, mais dans le sens commun va notre volonté ou ce qu'il en reste.

— Ce qu'il en reste ?

— Ce qu'il en restera, car l'après-futur est bien notre lieu commun. La connivence qui nous assemblera, en même temps qu'elle nous dégagera, est celle du temps. Sans perspective de société, et sans sentiment de nous-mêmes, nous disons un par un que nous sommes rattachés, car tout est rattaché. La marche de l'esprit, c'est l'absence de mobilité particulière. La marche, c'est le temps tombé comme pluie, ce n'est pas le déploiement dans l'espace.

Puisque nous devons glisser ce que nous pouvons dans ce que nous ne pouvons pas, il faut toujours penser le futur comme une connaissance de l'impuissance.

En de certains temps de la modernité, avec de certains moyens éloignés du primordial, la réussite ne peut pas être assumée comme une croissance qui assure les bases. La réussite désenchante davantage que l'échec, parce qu'elle commence par enchanter.

Mettre le temps avec soi, ce fut la manière de la planification. Mais il y a eu une surabondance de plans qui nous oblige à de fréquents passages dans les intervalles sans plans.

Puisque nous ne sommes pas dans les mêmes instances, puisque nous ne sommes pas dans un même temps, « mieux faire » est un verbe de combat contre « faire ». « Plus valoir » est un verbe illicite contre « valoir ».

« Etre » et « Etre plus » sont inconciliables. « Etre plus » n'est pas encore parvenu à être.

Estimer qu'il y a un plus à atteindre nous écarte du dépouillement. « Etre » est déjà dépouillé et réduit à l'incoercible. « Etre plus » n'a pas encore atteint ses limites ; il attend d'avoir fini son chemin pour se dire arrivé, complété.

Or l'existence ne se complète pas. Ce qui existe cherche à se dégager, à se verser dans ce qui semble ne pas exister.

Nos actes partagent l'homme en zone descriptible et en zone indescriptible, en valeur connue et en valeur jamais reconnue.

L'acte ne continue pas d'activer l'homme, il le passive. Il l'oblige à des égards envers l'accompli et l'acquis. Mais l'accompli ne continue pas d'accomplir et l'acquis ne continue pas d'acquérir. Le chemin de l'homme est de chercher un passage libre. Cela ressemble toujours à un retour à la tâche.

L'histoire est plus vaste que nous ne pensions et la géographie plus petite.

S'inquiéter de l'après-futur, c'est rechercher un préavis à nos entreprises.

L'après-futur est une tension dans le temps. Il n'y a de tension que si les deux extrémités sont prises. En cherchant à comprendre le temps, nous percevons que nous sommes pris.

L'après-futur n'est pas un moment du temps, c'est une sensation de l'obligation d'être.

Tandis que le partage nous invite toujours à un regard sur l'espace, le sens de la part nous invite à un pressentiment du temps et de son inconnu. C'est donc à une relativisation que nous sommes conduits ? Non, car la relativisation nous engage à une insouciance qui est précisément le contraire du sens de la part.

Le sens de la part est une vue de l'esprit. Les yeux fermés, nous savons que nous échappons aux autres, à nous-mêmes et à toutes circonstances. Momentanément séparés pour une communion plus haute, nous savons que nous recevons le temps avec la certitude que nous avions quelque chose pour le recevoir.

Nous qui avons eu le pressentiment de ne pas pouvoir nous définir dans le temps, de ne pas pouvoir prendre une part bien déterminée, bien contrôlée, bien justifiée, nous avons la certitude d'avoir reçu la totalité de ce qui se reçoit et la totalité de ce qui est fait pour recevoir.

La seule détente dans la tension du temps est la certitude d'avoir tout reçu, d'avoir été donné à nous-mêmes, d'avoir été faits commencés.

Nous ne pouvons pas expliquer en vérité une part des choses, et ce n'est pas de tenter d'expliquer une moindre part que nous pourrons mieux dire.

Ne pas expliquer une seule part des choses, c'est considérer comme naturellement inaccessible la totalité des choses. dès lors, il nous devient plus facile de dire le sens de la totalité, si nous n'avons pas tenté la fraction.

Tout devient à voir, si rien n'est vu. Tout est à comprendre, si rien n'est compris en vérité. Tout est prière si nous n'avons pas tenté l'argument.

Les renseignements de celui qui voit moins ne peuvent pas servir à celui qui voit plus. Pourtant, ce sont des renseignements. En existentialité, tout ce qui est impuissance est un renseignement que rien ne remplace. Et puisque personne ne centralise les apports de la faiblesse et de l'incapacité, il se trouve que l'entassement des grandes possibilités est la perspective la mieux connue. Ainsi les intuitions de la force sont fournies à tout le monde.

Les mass-media distribuent à tout le monde ce qui n'est pas gagné par tout le monde. Des amertumes que les moralistes pessimistes éprouvent fournissent des armes. Des insouciances fournissent des musiques. Mélangés, ces émois élancent ce que personne n'aurait trouvé de lui-même. Mélangées, les insultes subies lèvent des hardiesses que personne ne peut soutenir en particulier.

Nous contractons des dettes dans le langage et nous ne savons pas justifier tout ce que nous disons. Nous nous endettons en raisons collectives. Nous pensions constituer un fonds avec les apports de chacun. Mais nous ouvrons à plusieurs un compte débit où les pesées fausses s'additionnent sans que les pesées justes rachètent.

L'acte fautif n'est pas une erreur, l'acte errant n'est pas un nomadisme que nous imputons à d'autres hommes, c'est l'inconstance de nos propres actes, la dérive de nos sentiments. L'existence se perçoit comme une dépression qui ne retient pas l'action, ni les conséquences de l'action.

Nous serons là et nous y serons seuls. Voilà ce que nous disons pour nous. Nous sommes seuls pour tout recevoir. Nous serons seuls pour tout donner, sans contrôler si les autres en font autant.

L'existence est sans média. Il est interdit de s'y disculper, car il était interdit d'y inculper quelqu'un.

Nous avons sorti la justice de nous et nous lui avons demandé plus qu'à nous-mêmes. Nous sommes devenus plus exigeants pour les réalisations que pour l'intimation. Il n'est pas sûr que la justice fasse ce que nous lui demandons. La bonté ne peut pas vaquer au reste. La bonté peut de moins en moins, semble-t-il, pourvoir à ce qui reste après les grandes prospectives.

Désormais, il faut s'apprêter à soutenir isolément et sans recours à l'aide mutuelle, les enfants des athlètes qui ne seront pas champions, les enfants des travailleurs qui n'auront pas de travail, les enfants des artistes qui n'auront pas d'inspiration, car l'enfant ne gagnera pas sur ceux dont les pères avaient triomphé.

Désormais, et sans perspective de se faire agréer par quiconque, il faut laisser la maladie sans médecine, le mal sans expertise, le manque sans espérance de réussite.

L'énumération des handicaps, des insécurités, des misères est la plus dangereuse illégalité que l'intelligence puisse accomplir, car la totalisation des données n'est pas une vraie perception. L'index où les malheurs sont répertoriés n'est pas une vraie connaissance. Les bons soins ne sont pas un savoir-vivre. Et l'existence n'est pas la victoire sur ce qui va mal.

Les hommes défaits ne cherchent pas à être nombreux, contrairement aux techniques démocratiques. Les minorités agissantes voulaient grossir. Les minorités passives veulent diminuer. Plus la masse des évincés grandit, plus elle se gêne elle-même. Dans le groupe des travailleurs, le nombre amplifie la puissance. Dans le groupe des hommes sans emploi, le nombre amplifie l'impuissance.

Ailleurs dans le monde des bien-portants, le malade se voit isolé pour souffrir, isolé pour guérir. Ainsi la faiblesse sait, mais elle se cache pour savoir. Ainsi l'échec est une connaissance, mais elle ne se transmet pas.

Sans l'autonomie de la bonne santé, sans l'autonomie du travail et de la suffisance économique, l'autonomie de la pensée est beaucoup plus difficile à exercer. Elle existe cependant, mais elle est fondée surtout sur le sens du manque. Tout ce qui a protégé la force de l'homme n'a pas protégé sa faiblesse. Force et faiblesse ne sont pas deux armées rivales, ni deux marchés complémentaires, ni deux écoles de savoir-vivre, mais deux fibres humaines torsées ensemble. Plus exactement, dans une seule et même fibre, des cellules dures et des cellules fragiles. Quelles qu'elles soient, les cellules dures sont toujours à la merci de la rupture. C'est toujours la faiblesse qui, en définitive, nous écourte.

Sommes-nous délégués chacun à notre place avec une spécialité ?

Dans les travaux professionnels, nous prenons chacun un poste et nous accomplissons notre tâche. Mais il arrive, après plusieurs générations, ou après plusieurs crises, ou après un développement bizarre, que le travail ne porte pas son repos. La fonction pousse les uns à l'insouciance, les autres à la hardiesse. Si certains se spécialisent dans l'énergie atomique et d'autres dans les musiques tumultueuses, nous ne sommes pas sûrs de la convergence. Car la société nous délègue des pouvoirs que nous allons lui restituer amplifiés et prêts à l'échange, mais le sens de l'unité du monde nous désigne pour penser à la totalité de ce qu'il faut pourvoir.

La répartition des tâches n'a pas lieu selon un centralisme prévoyant, mais au fur et à mesure des circonstances. Or, la normalisation des travaux n'empêche pas le chaos des circonstances et l'impréparation des volontés.

Que tout soit réglé, voilà qui nous abuse.

Nous partons avec le sentiment que le partage a eu lieu et que la part désormais est une affaire faite.

Or, la part n'est pas donnée. Il faut que la contrainte du sens de la part y pourvoie. Une certaine liberté, une certaine modération nous conduit à la tâche où tout reste à faire.

Les tâches s'accomplissent au fur et à mesure des circonstances, mais le fur et la mesure est difficile à bien saisir. Ce n'est ni la tâche, ni la circonstance, mais un très léger déblocage, un indéterminisme facile à reprendre. Le sens du bon travail laisse un accès facile derrière lui.

DANS L'INTERMITTENCE ENTRE NOS ACTES

Plutôt que de mettre sur une seule conscience le sens total, plutôt que de retenir sur un seul verbe une période sans fin, il est humain de couper sa respiration et de la reprendre. La question sera celle-ci : Est-ce que la fin de notre conscience ne nous renseignera pas d'autre chose que ce que le début avait envisagé ? Est-ce que notre déprise de conscience ne dira pas plus que notre prise de conscience ?

La conscience de l'existence n'assure que son premier mouvement, elle n'assure pas la durée. Elle assure une intimation reçue et non une communication à perpétuer. Et donc la conscience de l'existence indique toujours qu'elle va finir : ce qu'elle a pris, elle va le lâcher.

Les premiers à savoir qu'il faut souffrir sont les derniers à pouvoir le dire, car il leur est difficile de trouver des seconds. Impossible d'ordonner un classement des hommes en cette matière. Impossible surtout d'être intransigeant sur la durée des libertés, car la répartition des temps est une disposition plus meurtrière que la répartition des lieux.

Chacun accède à la conscience de l'existence dans le désarroi, dans l'imprévu et il n'y reste pas. La pensée vivante perçoit l'élémentaire qui ne semble pas vivre et le volontaire qui semble porter la loi des élémentaires, mais elle ne garde rien pour elle et livre le tout à qui la dépasse.

Ce qui fait la loi à l'abstrait n'est pas abstrait. Ce qui fait la loi au concret n'est pas concret, car une seule loi fait loi à l'un et à l'autre.

L'absolue nécessité d'être en rapport avec les relativités nous laisse moins pris aux relativités qu'à l'absolu, qui se pose pourtant seulement comme une épithète, mais qui brûle le mot auquel elle est adjointe.

La déprise de conscience n'est pas un retour à l'ignorance antérieure : au lieu de nous fermer aux relativités, elle nous ouvre à ce qui dépasse les relativités. Ayant vu à quel point nous ne comprenons pas, nous cessons de nous fonder sur ce que nous comprenons. Alors, s'il faut obéir sans qu'il soit question de savoir si les autres obéissent, peut-être faut-il que les autres ne sachent pas comment nous obéissons. Car là où il nous faut céder, nous n'attendons pas qu'on vienne s'initier.

Les hommes ne peuvent pas supporter indéfiniment le visage du bonheur adverse, ni du bonheur allié. Les objets de leur propre réussite sont excédentaires. Leurs bonnes raisons elles-mêmes ne cessent d'affliger ce qu'ils sont.

Après avoir donné à la faveur le visage de l'ami, ils donnent à la défaveur le visage de l'ennemi. Ils ne peuvent pas supporter que l'adversité ait un visage humain et bientôt ils ne seront plus en cas de supporter le visage de l'amitié, c'est-à-dire de la fidélité.

Augmenter mon besoin n'augmente pas le tien, car c'est à toi d'augmenter ce que j'augmente. Restreindre mon besoin ne restreint pas le tien, car c'est à toi de restreindre ce que je restreins. Le dépassement de moi-même est sans rapport avec le dépassement de toi-même. Je m'efforce sur moi sans m'efforcer sur toi et nous sommes les mêmes, au point que ma lutte contre moi-même est sans rapport avec la lutte contre toi-même.

Nous sommes les mêmes sans que nous soyions en rapport. Nous sommes semblables comme ne nous l'ont jamais dit les contacts, ni le miroir, ni la mensuration, ni la mémoire.

Mais nous sommes partis pour ne pas aboutir à un autre. Parti pour être tout autre que moi-même, je ne peux pas m'arrêter à toi. Toi aussi, parti pour être tout autre que toi-même, tu ne peux t'arrêter à moi. Nous ne pouvons plus espérer ensemble un quant à nous.

Arrivés où chacun se porte sur un absolu, il serait mauvais signe de se reporter sur une relativité et d'attendre encore le fur et la mesure des jours et des gestes.

Lorsque nous nous sommes beaucoup interrogés sur

l'histoire, nous finissons par comprendre que le sens de l'histoire n'est pas possessible. De même, après nous être beaucoup mis en peine pour un consensus, nous finissons par comprendre que le consensus ne saurait animer notre peine. Le sens de la société est antérieur à un consensus : la véritable intuition sociale est toute entière avant la société (comme le sens de la part est antérieur au partage). La pensée existentielle est antérieure à l'instant : avant que l'instant ne la fasse sursauter, elle s'était liée avec ce qu'elle n'avait pas connu. Et rien de ce qu'elle pourra connaître ne l'arrachera à ce qu'elle n'a pas connu. Entre ce qu'elle sait et ce qu'elle ne sait pas, il y a alliance.

D'une heure à l'autre, d'un acte à l'autre, nous percevons dans l'intermittence ce qui soutient l'intermittence.

Nous cherchons un enjambement d'un instant à l'autre, mais de proche en proche nous ne savons pas tout enjamber. Ce n'est pas que nous prévoyons que le dernier futur ne s'enjambe pas, c'est que nous pensons qu'il est attenant à l'après-futur.

Que la dernière intermittence soit définitive, ce n'est pas ce que nous verrons. Que toutes les intermittences étaient attenantes à l'après-futur, c'est ce que nous n'avons pas vu. Le rattachement de l'intermittence à l'Alliance perpétuelle nous arrache à la perte de l'instant dans la profanation.

La tenue * d'un homme n'est pas la connaissance de lui-même. Le signe qu'il cherche n'est pas en lui. Le nombre des hommes augmente la quantité des rapports, mais il n'assure pas la liaison avec le signe. Le grand nombre nous éloigne de pouvoir enchaîner. La liaison n'appartient qu'à l'unique. Ce qu'un homme peut tenir, ce qu'il peut exploiter, c'est son pouvoir de liaison, mais le sien seulement ; sa vie, mais sa vie seulement ; sa chute, mais la sienne.

*. « tenue », au sens agricole.

La tenue d'un homme n'est pas la relation avec le multiple. De lui-même un homme ne communique pas, il va à l'aboutissement de sa pensée. D'eux-mêmes, sans communiquer, les hommes se voient finir et c'est comme s'ils se saluaient sobrement. C'est comme si la nécessité de finir leur faisait commencer, tous ensemble, une nouvelle liaison.

L'homme qui perçoit sa liaison avec le sens de la vie, ne perçoit pas celle des autres, mais par analogie, il s'y confie. A percevoir l'unité du monde, l'homme devient sensé, bien que cette perception le mette dans un état de précarité apparente. L'unité du monde n'est pas un dynamisme totalisant les intentions et les actes, mais un détachement des intentions, une déconnection des actes.

Loin de s'opposer, l'homme sensé et l'homme insensé sont forcés par l'unité du monde : premièrement à se séparer, deuxièmement à trouver l'unique rattachement. Leurs positions ne sont pas en rapport entre elles, mais en liaison avec un sens qui ne vient pas d'elles.

Si nous croyons que l'une ou l'autre des circonstances, l'un ou l'autre des états de choses nous est une radicalité, c'est que nous ne sommes pas allés au bout de nous-mêmes. Alors, au lieu de porter toutes nos relations avec le monde, nous nous faisons porter par l'une d'elles.

Mais si nous sommes vraiment entrés en rapport avec tout, si nous avons recentré le monde sur nous, nous voyons bien que nous ne tenons absolument rien. Et lorsque nous avons vérifié, en cherchant à ne rien oublier, que nos relations ne tiennent pas sur nous, nous voyons qu'elles ne nous sont pas attachées.

Aucune chose n'est notre fondement. Nous ne sommes le fondement d'aucune chose. Et les références entre elles et nous ne sont pas les radicalités. Ailleurs, plus tard, autrement, rien ne change notre absence d'attaches avec le monde et notre attache absolue avec le sens de l'origine.

Croire que notre pensée peut s'enrichir, se développer, se multiplier, c'est ne pas savoir ce qu'elle est. Notre pensée est réellement asphyxiée lorsqu'elle essaie de respirer autrement que par ses moyens. Mais elle vit lorsqu'elle se sait respirer séparément et brièvement.

S'engager à ne pas se séparer de nous-mêmes, c'est laisser l'air étreindre notre gorge. Ne pas abandonner cette nécessité, c'est contracter l'engagement de ne pas abandonner la nécessité commune. Le moyen nous est donné de ne pas nous abandonner les uns les autres, si nous sommes liés d'une certaine affection envers la nécessaire singularité de notre origine.

Si je rencontre quelqu'un différent de moi, ce n'est pas un ennemi ; si je rencontre quelqu'un semblable, ce n'est pas un ami. J'ai toujours à surmonter quelque chose en moi pour comprendre qu'il y a alliance. Il n'y a pas de multiples alliances singulières entre nous, il y a alliance unique avec la radicalité unique que nous éprouvons désormais rompue.

Ce qui me plait ou me déplait ne m'approche pas de la vérité. Aucun élan ne me mène au but des temps. Aucune relâche ne me retire du début. La pensée existentielle dans son moment sans réplique est une parole de supplique. Il y a alliance et nous en vivons séparés sauf d'où nous l'appelons.

Est-ce que nous allons au fond des choses, si nous n'allons pas au bout de nous-mêmes ? Plus nous terminons nos travaux, moins nous pouvons nous en aider, moins nous pouvons en laisser l'administration derrière nous. Tout ce que nous avons utilisé devient inutilisable. Plus nous accomplissons nos désirs, moins nous pouvons les soutenir. Plus nous réglons nos conflits, moins nous pouvons en donner le règlement. Et les guerres les mieux expliquées deviennent les moins explicables.

La mémoire enregistre sans aider, ni protéger. Les hommes vont perdre cœur si, à travers eux, se suscitent des spécialistes des choses oubliées. Toute antécédence peut redevenir une terreur. Et lorsque le progrès ne trouve plus d'annonces à faire, on retourne à tout ce qu'il a manqué avec une fureur redoutable, car elle peut s'enseigner. L'émeute attend partout.

L'homme seul peut éprouver qu'il ne va pas au bout de lui-même, sinon dans la mort, mais comment le groupe peut-il éprouver quelque chose, comment peut-il dire aux siens « allons mourons » ?

Lorsque nous accrochons un instant à un autre instant, nous allongeons sa durée, c'est-à-dire que nous ne sommes plus prisonniers de l'étroitesse : nous pouvons oublier, dépasser, racheter, préparer, labourer, récolter. Mais dans cette tentative, nous courons le risque de nous attacher à l'instant que nous avons apprêté.

Vient toujours le moment où il faut tout quitter. Alors, trop souvent, nous ne faisons plus attention à l'étroitesse et nous nous redisposons machinalement. Ainsi se manque le regard sur l'au-delà auquel le banal ne cesse de nous entraîner, avec des manières fugitives et sans insistance.

Un instant peut être religieux. Deux instants ne peuvent pas s'arranger entre eux pour l'être. L'instant complet, c'est la durée de l'acte, la mise en train, l'exercice et la fin. L'instant comprend toujours son interruption. La pensée comprend toujours sa chute.

Forcément prise entre deux obligations, l'intermittence est la fissure où se perçoit l'animation de ce qui ne semble pas être nécessaire et qui finit par l'être. Entre deux instants compacts, la césure est un moment blanc où l'âme s'éprouve, venue, arrivée, sans avoir eu l'impression de partir.

Entre le moment où « j'ai tout à faire » et le moment où « je n'ai rien à faire », se tient l'adjudication de ce qui en moi ne va à aucune délégation.

Terminant un travail, nous envisageons le suivant ; dépassant un sentiment, nous nous disposons à la suite. C'est un bon savoir-vivre. Mais puisqu'il faut un jour aller jusqu'où nous ne trouverons plus de savoir-vivre, il faut déjà nous ralentir lorsque nous terminons un travail, dépassons un sentiment, ou seulement quand nous nous préparons physiquement et mentalement à l'action.

A partir d'un moment, nous en cherchons un autre, en

avant ou en arrière, projet ou maintenance. Nous nous armons avec l'aide d'un autre instant, mais nous ne sommes pas de deux instants. Nous sommes seulement d'un instant complet, y compris sa chute.

Insuffisante notre conscience, il est bien que nos actes restent insuffisants. Il est bien que nos actes ne s'enchaînent pas.

L'unité du monde nous est toujours donnée avec la certitude que nous n'y sommes pour rien. Si nous voulons donner aux autres cette certitude, c'est que nous pensons que c'est un sentiment communicable. Si nous voulons que les autres le reçoivent sans nous, c'est que nous savons que ce n'est pas un sentiment.

L'unité du monde vient sans que nous l'exposions. Lorsqu'un homme essaie de récapituler seul, il sait bien qu'il ne récapitule pas. Lorsqu'il évoque l'unité du monde, il sait bien qu'il ne l'évoque pas. Et en existentialité, ce que l'homme seul ne sait pas, le groupe ne le sait pas mieux, même si le groupe tente de donner davantage de preuves d'interférences et d'arrangements.

Seul le solitaire sait franchement qu'il ne tient pas le coup. Il se sent immédiatement exposé à ce qu'il ne sait pas, même dans le plus lointain infini, et il s'inquiète à bon escient de l'unité de ce qu'il ne sait pas.

Quand nous ne nous sommes pas inquiété de tout ce que nous ne savons pas, nous restons angoissés de ceci qui nous est imposé ou de cela dont nous avons choisi le soin.

Mais quand nous nous sommes inquiétés de tout, nous abandonnons. Tout est insupportable à porter. Et qui essaie de supporter tout est proprement insupportable.

« Elles » font ce qu'elles veulent et nous demandent de ne rien défaire. Nulle part elles n'ont demandé notre avis et partout elles demandent notre agrément : les autonomies hardies espèrent être soutenues et comptent sur nous pour assurer une suite favorable.

Mais l'homme singulier ne passe derrière personne pour rectifier ; il est attenant à une antériorité. Les journaux s'archivent, mais ce qui concerne l'antériorité est de plus en plus caché par les liasses.

L'homme est toujours un nouveau venu. Il y a une échéance nouvelle qui guette l'absence d'enchaînement des actes humains. Notre lucidité sur la fragilité humaine ne fait le bonheur de personne. On ne nous pardonne pas d'être au courant du malheur avant qu'il arrive.

Or, notre silence sur l'avenir est le contraire de la prophétie du malheur, car nous savons que le malheur se trouverait bien de se faire annoncer par un chemin : il viendrait par un autre.

Si nous nous servons du silence, ce n'est pas pour couvrir la fuite des jours, mais pour protéger l'arrivée des jours, car les jours arrivent sans savoir ce que dire et même sans savoir marcher.

Il faut dresser une liste de tout ce que nos actes maintiennent et diminuer l'importance de notre maintenance, pour mieux soulager la vie, car elle ne peut que trouver étroit le passage qui lui est laissé. Les objets fabriqués s'affairent sur nous.

La confiance en nos travaux ne nous sert pas indéfiniment. Non seulement elle gêne les autres, mais elle nous asservit à la dérive de ce que nous avons arraisonné.

Ne pas avoir confiance en soi mène plus loin que le perpétuel soutien de ce que nous fabriquons. Nous allons arriver ? Nous sommes arrivés ? Les vivants n'arrivent pas.

Le plus grand parcours qu'ils puissent traverser, c'est de parvenir à ne pas rester où leurs actes finissent.

Nous disons facilement après un grand événement : « Rien n'est plus comme avant ». Mais il faut supporter qu'on nous dise « Tout est toujours comme après ». Nous restons obligés de garder comme accompli ce que nous vivons. Garder comme des contraintes de l'arriéré ce que nous appelions les chemins de la liberté, garder comme passé ce que nous voyions comme futur.

Pour n'avoir pas réfléchi aux conséquences de nos actes, nous sommes entraînés dans une suite où nous ne pouvons plus distribuer l'imprévu, car l'imprévu est insupportable quand le prévu a été fortement et largement organisé. Il faut donc prévoir les conséquences. Il faut encore prévoir que les conséquences arrivent et repartent.

Si ce n'est pas nous qui les enchaînons, les instants sont décrochés les uns des autres. De les voir ainsi nous laisse assez démunis mais de bon entrain. C'est parce que tout se tient que nous ne pouvons pas tenir ce qui nous touche. Et dès que nous ne retenons pas l'instant pour en même temps nous saisir de l'instant futur, nous détachons l'enchaînement de ce que nous croyions attaché.

Il suffit que nous éprouvions une seule intermittence pour que nous commencions à douter de l'enchaînement des circonstances. Il suffira ensuite que nous ne cherchions pas à résorber cette intermittence et nous l'entendrons signifier qu'une vérité très haute attend d'être pressentie dans les coupures de nos occupations.

Tout ce qui nous limite n'est pas vraiment notre limite. Après nous être inquiétés de tout, il nous reste à nous désinquiéter. Rien n'est arrêté. Mais les chemins ne sont plus les chemins, à partir d'un certain moment. C'est sans difficulté pour nous. Rien n'est fini. Mais les conflits ne nous entraînent plus.

L'après-futur bien compris ne nous laisse pas avec les conséquences ; il nous laisse en vérité sans conséquences. C'est pour cela que le pressentiment de l'après-futur est plus réconfortant que le futur. Bien que ce ne soit pas l'équivalent de « Finalement », l'après-futur nous sort de l'arrivée des « Soudain » qui nous faisaient sursauter. Que les hommes s'en aperçoivent maintenant ou qu'ils mettent des millénaires pour s'en apercevoir : ils sont libres sans leurs actes. Ils comprennent sans l'initiation. Ils travaillent sans la technique. Ils vivent sans la tragédie. Ils prient sans le poème.

L'intermittence est un air immémorablement familier. Elle fait passer les hommes dans une brièveté qui les soulage, dans un évidement continuellement disponible qui permet de reprendre souffle. Le vivant y passe sans stratégie de mutualité, ni d'adversité. Il y trouve la force et l'épuisement, et n'ose nulle part une part maximale. Aussi sûr que l'amour cherche à être partagé, le pessimisme singulier cherche à ne pas être partagé.

En un certain sens, l'homme qui connaît la dépression ne subit pas les pressions. Si rien ne résiste en l'homme, aucune guerre ne peut s'y tenir.

Les cadets, maintenant, veulent bien passer pour ceux qui n'arrivent pas à refaire le monde, parce que, maintenant, cela se voit que personne ne fait le monde.

VI

L'UNITÉ DU MONDE

Les hommes ont souffert de la désunion d'une manière que l'union ne peut résorber. Car l'union grossit le groupe sans atteindre l'unité et laisse toujours plus rejeté ce qu'elle n'a pas atteint. Les uns après les autres, les groupes, les peuples ne peuvent pas se faire à l'idée qu'ils ont des ennemis.

Et c'est une grande humiliation pour les hommes inavertis d'être entraînés dans une tentative de justification finale et d'être laissés, non seulement sans avoir gagné, mais face à d'autres hommes qui, eux aussi, ne gagnent pas. Les peuples meurent, mais sans meurtriers.

Les représentants de groupes sont incapables de retourner à leurs mandataires pour leur annoncer que les hors-du-groupe sont injustifiablement inséparables de tous. Pourtant n'importe qui peut comprendre que le groupe n'est pas détenteur d'une loi globale. Le dissident sait mieux que le groupe qu'il n'est séparable de personne. Impossible pour lui la loi de la guerre. Impossible la paix. Impossible l'union globale. Impossible la séparation. A partir d'un certain moment, la solidarité contient ce qui la combat. La solidarité ne compte plus seulement sur sa propre disposition, mais sur une incoercible non-solidarité dont elle ne dispose pas. Pour les hommes solidarisés, il n'y a pas que la solidarisation.

La solidarité n'est pas une partie à deux, c'est une partie à trois, et nul ne sait qui est le trois. Nous voulons étendre la sécurité sociale à tous les peuples et voilà que tous les peuples veulent l'énergie atomique. Nous n'avions pas pensé qu'il fallait associer les pygmées au pouvoir atomique. Nous avions compté sur les libertés de débarras, mais nous en sommes arrivés aux libertés d'embarras. La bombe atomique ne peut pas être prométhéenne. Elle sera pygméenne.

Nous portons différemment, et il nous semble aussitôt qu'en répartissant les charges, nous porterions davantage ensemble et moins différemment. Engagés dans une symbiose engouée et mal communicante, nous souffrons. Mais engagés dans une vie débloquée et bien communicante, nous souffririons moins.

En toute condition, il semble qu'il y ait une formule, un chiffre à trouver. Ce chiffre ne serait pas le même pour tous, car certains peuvent porter moins que d'autres. Les accommodements sur ce sujet seraient sans cesse à réviser, mais ce ne seraient que barèmes. Nous n'avons pas à nous inquiéter que les chiffres et les critères se discutent. Cette solidarité est donc un essai de mensuration et de répartition : c'est la solidarité comptée.

Nous imaginons immédiatement qu'il y a, mêlée à cela, une animation très vive, toujours en déplacement, devançant tout rapport de chiffres et de paroles : c'est la solidarité comptante.

La solidarité comptée est le poids de la juste mesure : tonnes, kilowatts, calories. La solidarité comptante est la disposition à peser. La solidarité comptée est un poids débardé. La solidarité comptante est l'acte, la pensée du débardeur.

La solidarité comptée nous impose notre lot, notre règlement. Mais elle nous enlève le reste. Elle nous met à la tâche, mais elle nous détache de ce qui n'est pas notre tâche.

La solidarité comptante ne peut pas être autrement que prise sous les contraintes, mais elle émerge des compte et percevant le flux des ballots sur la houle des épaules, elle reste saisie, comme si elle ne comptait pas et comme si elle n'était pas comptée.

Certains disent que les solidarités continuent ; d'autres disent qu'elles commencent. Pour certains, toutes sont anciennes ; pour d'autres, toutes sont nouvelles. C'est que l'instant où nous faisons converger le faisceau est si chargé que l'impression est très vive et la place de chacun n'est pas la même. De l'avenir, il fait faux-jour à regarder le passé. Du passé, il fait aussi faux-jour. Et dans l'instant présent, il fait un éblouissement.

A partir de quand les solidarités présentes ont-elles rompu avec les passées ? A partir de quand la préparation des futures divergera-t-elle des présentes ? Pourquoi les solidarités ne sont-elles pas solidaires entre elles ?

Nous ne faisons pas ce que nous voulons ; comment pourrions-nous faire ce que les autres veulent ? Et lorsque nous portons en toute liberté, nous nous chargeons librement de ce qui nous tient obligés. Mais comment espérer se charger de ce que les autres tiennent ou de ce qui les tient ?

Nos actes consomment une rupture. Et une certaine ampleur des actes est inhumaine. Nos travaux se gênent. Nos connaissances elles-mêmes nous font diverger de l'effort qu'elles supportent, mais qu'elles n'accomplissent plus, et peu à peu délaissent.

La rapidité et l'ampleur des informations extérieures amènent à poser en termes incohérents tout ce qui se présente avec vivacité à la conscience. Ne pouvant charger l'instant de tout ce que nous recevons, nous faisons des lots différents que nous croyons bien placer, mais qui sont trop monumentaux pour que nous puissions voir par-dessus. Ne voyant que ce que nous voyons, ne voyant jamais finir ce qui traîne à terminer, nous posons en termes durables ce qui est termes d'instants.

Un peu déçus des solidarités petites, nous utopisons une solidarité grande. Beaucoup chargés, ou peu, les uns courent, les autres traînassent. Certains titubent. Mais les hommes sont tout autres que la pile de cageots qu'ils portent devant la figure.

Ces commentateurs disent que l'homme fait corps avec ses actes. Des organisateurs ne voyant que le triporteur du comportement désignent le passage pour la réussite du chargement. Pourtant, les mouvements ne sont pas nos mobiles. Les bagages ne sont pas nos maîtres. Les événements ne sont pas nos moniteurs. Les animaux ne sont pas nos compagnons. La route n'est pas notre lieu. Souvent, les conditions de vie ont paru nous influer, mais notre cœur se rue hors l'influence.

Celui qui veut dégager l'homme sait que la liberté n'est pas un chantier de tâches, mais un certain retrait. L'unité du monde n'est pas focalisable sur un moment concret, elle se lève dans une abstraction véhémente. Ce que le travailleur cherche désormais, ce n'est pas le droit au concret, mais le droit à l'abstrait, l'abstrait gagné par lui.

Personne n'a suffisamment de vigueur et d'émoi pour revivre tout ce qui nous renforce et nous affaiblit, puisque personne n'entreprend de tout trouver par ses propres moyens, de revivre toute la tâche et toute l'intelligence humaines.

Car chacun devine que celui qui voudrait faire tout ferait effectivement peu de choses. C'est pour cela que la plupart des hommes préfèrent ne pas être aptes à tout, pour mieux faire dans le domaine choisi. Presque tous s'avancent munis d'un savoir-faire acquis par l'étude, ou d'une ruse passée de bouche à oreille. Presque tous passent derrière un tiers pour être munis d'un a-priori.

Celui qui veut travailler le plus possible de ses mains ne courra pas tous les chantiers. Celui qui veut regagner tout seul le sens des mots ne les regagnera pas tous. Impossible de penser à tout, d'espérer tout ce qui s'espère, de désespérer de tout ce qui se désespère. L'angoisse est de ne pas être angoissé de tout.

A qui rendrions-nous service si nous disions que les solidarités d'équipes peuvent s'opposer ? Quel dégagement pourrions-nous obtenir si nous dénoncions tout ? Est-ce un bon courage de suggérer les bas-côtés où personne ne peut marcher ? Et d'ensemencer la douleur des uns avec la douleur des autres, espérons-nous une bonne santé ?

Il se dit souvent que les optimistes et les pessimistes se corrigent mutuellement et qu'il y a une heureuse association dans l'affrontement de différents tempéraments. Les optimistes, heureux de vivre, fort occupés de leurs gestes, trouvent peu d'idées nouvelles. Ils les demandent aux utopistes qui, eux, les prennent chez les pessimistes. Ceux-ci, en effet, revisent tout : ce qui va bien, ce qui va mal, ce qui ne va plus, ce qui ne va pas encore. Les pessimistes ont une acuité d'esprit souvent supérieure, mais ils interviennent sur le temps d'une manière abusive et ils sont excédés de ne pas en avoir la maîtrise.

L'émulation optimisme-pessimisme ne peut continuer, car elle ne porte pas le travail de l'unité du monde, mais elle exacerbe les différences. On ne peut donner toujours davantage de hardiesses à certains et davantage de soucis à d'autres. La hardiesse fâche précisément ceux qui n'ont pas d'élan. Et le souci rend plus insouciants ceux qui sont déjà désinvoltes.

La compagnie des audacieux est difficile : loin d'entraîner ceux qui n'ont pas d'entrain, elle les accable. La solidarité la plus désarmante est la solidarité armée. La solidarité à plus haut risque est celle des savants.

Les travailleurs manuels n'ont jamais eu de chance. Ils avaient autrefois des amis qui ne leur expliquaient rien. Ils en ont maintenant qui leur expliquent tout.

L'ami du travailleur aime-t-il le travail ? Dans la résolution de se lier au travailleur corporel, il y a le désir de soulager le travailleur non pas tant pour l'aider que pour le favoriser de ménagements afin de lui être moins redevable. Il y a dans la considération faite au travailleur la volonté de soutenir ceux qui s'efforcent, pour se soustraire soi-même à l'effort. Souhaiter une diminution des discriminations du travail correspond à souhaiter une diminution de l'importance du travail.

Lorsqu'on veut séduire le travailleur, on ne lui dit pas d'aimer le travail, mais d'aimer la fête. Le plaisir de fêter étant le contraire de la peine de travailler, il semblerait que tout le monde s'y trouve bien. Mais l'homme n'est jamais content de ceux qui le contentent.

La lucidité du travailleur n'est pas d'ordre économique ni politique, ni psychologique, elle est une intuition de l'existentialité. Le moment de cette intuition est la souffrance de son acte en débat contre le temps. Ce n'est pas assez de dire que le travailleur s'efforce contre la matière, contre les objets ; il se met en colère contre son incapacité à ne pas pouvoir faire plus.

Son ami pour le décourroucer lui propose le salaire, le bon agencement des efforts, la fête. Ces trois murs se maçonnent autour de la peine, mais le quatrième mur ne se maçonne pas, c'est la paroi qu'on a dans le dos, celle qu'on heurtecule, celle qui n'est jamais vue, qui fait mal, salit et accote si brutalement qu'elle écorche.

Le levier de la peine se tient dans le cœur sans toucher à l'un des quatre murs. L'amenage autour du travail n'est pas le soutien de l'homme. Entre ceux qui espèrent en cet endroit et ceux qui n'y espèrent pas, il n'y a rien. Tout est dans un même cœur : les motivations du travail et la peine de l'accomplissement ; la confiance dans le travail et l'amertume ; le sentiment de l'utilité et le sentiment de l'inutilité ; l'honneur d'être apprécié et le déshonneur d'être annulé.

On ne peut être indéfiniment minimaliste dans l'effort et maximaliste dans le besoin. Maintenant, s'ils le voulaient, les travailleurs corporels pourraient aider à réexpliquer le mixte de l'effort et du besoin.

Mais ce sont leurs amis qui font les prolégomènes du travail. Ils font le ramassage des courages et ne cessent de dire aux travailleurs de s'appeler « forts ». Ils veulent que les productions soient faites anonymement, en bloc et que chacun vienne aux stocks pour prendre selon son besoin comme à un narguilé universel où tout le monde pourrait venir piper.

Lorsque nous voulions bien parler de la solidarité, nous évoquions un sentier de montagne barré d'un gros rocher. Un homme seul ne peut pas le pousser. Il attend qu'un second arrive. Ensemble, ils unissent leurs efforts ; ils font basculer le rocher dans le ravin.

La scène est exemplaire, mais trop courte. Ce n'est pas souvent que deux hommes suffisent à se dégager ; il en faut davantage. Et à partir du chiffre trois, il y a un doute qui s'installe : est-ce que tous poussent ? Et si quelqu'un dans le groupe ne peut pas pousser, faut-il lui tolérer le passage, une fois le chemin libre ?

Mettons-nous en présence de la vraie scène. Il faut entendre les ahans des hommes qui poussent. Il faut entendre cette solidarité scandée. Et il faut entendre les femmes dans la vallée, hurlant de ne pas pousser pour ne pas déclencher l'avalanche sur le village aux enfants, les enfants aux laines claires. Quelle que soit la solidarité du sentier, tout le monde n'est pas sur le sentier.

Dans l'après-modernité, nous sommes amenés à comprendre qu'à côté d'une solidarité, il y a une non-solidarité. Lorsque nous sommes unis à un groupe, nous sommes compris dans une communauté, mais nous ne sommes pas compris dans les autres.

Par contre, lorsque nous sommes seuls, sans report sur amis ni ennemis, bien ennuyés de nous, anéantis, enfoncés, nous percevons en notre extrémité l'extrémité de tous.

Et sans effort, sans exercice du langage, sans prospective pragmatique, nous connaissons et vivons l'unité humaine. L'unité subjective l'homme.

Il n'y a rien hors de l'unité. L'unité est toujours intacte et toujours totale. Personne ne l'a diminuée. Personne ne l'a agrandie. L'unité n'est pas un effort de dilatation pour comprendre l'immense. C'est une concentration très lente, un dépouillement pour comprendre l'infime. De notre singularité infime, nous percevons une totalité.

L'unité n'est pas une synthèse d'un cosmos et d'une socialité globale, c'est la perception personnelle de la communion au donné. Elle se chante souvent quand nous n'avons rien en tête et que les bottes nous passent allègrement par les mains « Tout rien ! » (Tout ce que je dis n'est rien par rapport à ce qui existe).

L'unité est sans explication : on ne peut pas la faire comprendre à qui ne la comprendrait pas de lui-même. Elle est sans dynamique d'expansion : on ne peut rien lui faire combattre. Elle n'a pas de représentants : à qui pourrait-on déléguer quelqu'un ? L'unité ne passe pas par un règlement sur les autres, mais par un règlement sur soi.

Si nous voulons définir la condition humaine, l'acte de désignation que nous pouvons accomplir est sans schéma, car le coup d'œil et la main sont des manières intérieures.

Le monde est partagé entre hommes d'autorité et hommes de liberté. Mais l'homme peu à peu conquiert le droit à tous les états : il est l'analyste et le sujet d'analyse, le cœur élanceur et le cœur élancé, le savant et l'homme d'œuvre, le photographe et le photographié.

Il s'est déclaré à lui-même qu'il peut être comme tous, il sent qu'il n'a plus rien à venir de l'autre. Après s'être dit qu'il peut tout, l'homme trouve qu'il n'est rien. L'homme a cru que la puissance développait l'existence, que la connaissance haussait le sens du devoir, que la justice agrandissait le destin, méprisant en cela l'impuissance, l'ignorance, l'injustice et l'inconstance d'une manière de plus en plus calamiteuse.

En devenant capables des mêmes choses, les hommes ont voulu dresser une unanimité. L'union entre les hommes a pris toutes sortes de formes : tribus, petites cités, grands empires, fédérations d'alliance et, de nouveau, autonomies locales. Les hommes s'exaspèrent de ce que les formes ne changent pas ; puis ils s'exaspèrent de ce qu'elles changent.

Pourtant, rien ne gêne les volontés. Les volontés cherchent à concorder, c'est-à-dire à racheter le passé et à préparer l'avenir. Si nous prenons l'histoire : l'accord a été fait maintes fois. Si nous prenons la géographie, l'accord a eu lieu. Les pays ont été conclus.

Chaque matin, tous les journaux du monde disent : il y a une union. Mais chaque nuit, nous sommes à nous dire : l'unité du monde n'est pas faite. Nous avons le sentiment que l'unité est gênée par les unions. La logique des unions qui se donnent pour accomplies gêne le sens de l'unité qui reste inaccomplie.

Il y a une globalité, mais il n'y a pas de globaliseur. Aucun homme ne peut se dire au sommet du monde. Aucune équipe ne peut porter sa vue sur la succession des temps.

Ce n'est pas dans la masse de son groupe, qu'un homme peut saisir l'unité du monde. Il n'y a que l'homme en retrait qui peut dire en sa passion soufferte : « je suis seul, mais je sais que le Tout existe ». Il n'y a que l'homme en sa bassesse qui peut dire « je suis en bas. Tout est au-dessus de moi. Mais, par grâce, rien ne m'annule ».

Il y a bien une déclaration communément répandue où chacun dit qu'il a besoin de tous. Mais le corollaire n'a jamais été pensé par tous. Aucun ne pense qu'il a besoin d'un quelconque anonyme. Le groupe a besoin d'être certifié par tous, mais le groupe tient pour négligeable d'assermenter le quelconque isolé. Et le groupe s'arrange pour certifier qu'il est intact quand un homme s'esquive.

Or, quand un homme s'esquive, il s'en va vers une terrible sortie. Lui, le porteur spécialisé de l'incertitude, il alourdit, en partant, le poids du doute. Ne pas savoir, voilà ce qui inquiète le quelconque anonyme. Ne pas savoir, voilà ce qui n'inquiète pas du tout le groupe. C'est donc l'anonyme qui porte tout le débat humain.

Que les hommes soient égaux ne veut pas dire qu'ils sont aptes à être comptés. Si l'homme est égal à l'homme, le nombre qui chiffre ne l'est pas ; et tous les nombres d'hommes nous trompent.

Plus tard, quand nous serons mieux préparés, il nous faudra dire : les nombres ne trompent pas. Que les hommes soient nombreux ou non à être tels ne change rien à être ce qu'ils sont. Quand nous parlerons en vérité, multiples ou uniques, rien ne bougera dans le verbe être.

Les hommes ne s'obligent pas tant les uns les autres, qu'ils s'intiment à eux-mêmes. Abaisser l'ennemi, c'est le mettre au milieu de ses aliénations, là où il a le plus d'armes à sa disposition. Elever l'ennemi, c'est le mettre à la hauteur de ses aspirations, là où il est le plus dénué. Abaisser quelqu'un, c'est mettre des troupes à son service. L'élever, c'est le conduire où il est isolé.

Est-ce la singularité qui est hérétique ou l'acte d'isoler la singularité ? L'homme singulier ne découpe pas son individualité comme une exception qui se retire de l'unité, mais il la porte jusqu'à l'épuisement sans prétendre que c'est une spécialité. L'épuisement n'est pas une séparation. L'attention à l'épuisement est une bonne vigilance.

Chercher les bonnes raisons, aider les autres à bien comprendre, se faire aider par eux, nous renseigner mutuellement sur nos erreurs et nos faiblesses sont des moments nécessaires, mais tant que nous en sommes à ces travaux, nous délaissons la surveillance.

En remplaçant le contrat politique par l'exhortation morale, nous semblions défaire les rapports des hommes entre eux. Mais nous ne nous arrêtons pas au conseil moral, car, si le consensus d'une culture historique n'est pas le terme de notre volonté, le conseil moral n'en est pas un, non plus. La sentence morale n'est pas un principe. La pensée autonome ne donne pas de principes aux constructions sociales.

S'éprouvant comme défaillante, la pensée autonome travaille au-delà d'elle-même. Elle surveille pour se rattacher. La véritable autonomie ne consiste pas à se détacher de l'unité : elle est toujours le contact unique et permanent avec l'unité du monde.

IL N'Y A PAS DE CONFLITS

L'acte sans témoin est dévalué, mais nous savons assez mal de combien il est surévalué quand il s'accomplit sous le regard de la caméra qui le thésaurise dans des stocks d'information.

L'événement est livré à l'appréciation d'hommes qui peuvent le faire tourner à bien ou à mal. Si l'utilisation d'un événement dépend du degré de discernement de ceux qui le commentent, la question qui se pose dans une opinion est celle-ci : Faut-il se prononcer sur l'accompli sans déférences avec l'inaccompli ? Faut-il laisser dire que quelqu'un « couvre l'événement », alors qu'il ne sait pas ce qui va arriver ?

Si nous ne savons pas ce qu'il advient de notre commentaire, il ne faut pas le faire important. L'état de notre volonté change l'état du monde d'une manière que nous ne pouvons pas assumer en tout honneur. L'état de notre volonté change l'état de notre justice. Le chemin de la volonté des autres change encore davantage à suivre le nôtre. Rien ne nous trompe mieux que nos actes suivis des actes des autres.

Tous les peuples du monde ont vu soudain apparaître à l'horizon une armée adverse. La diversité de l'humanité a souvent été révélée par le visage de l'ennemi. La vérité nous a souvent été dite par l'ennemi. Et nous avons dit à l'ennemi la même sévère vérité.

Peut-on dire maintenant, dans notre très vieille humanité, que l'unité du monde est la réunion des adversaires et que la vérité du monde est le faisceau des reproches ? L'homme seul vit naturellement la maîtrise du monde comme un échec permanent. Le groupe, jamais. Le groupe a une intuition aussitôt collective et puissante qui ne prévoit pas ses limites.

Le groupe de pression, toujours surpris de trouver en face de lui un autre groupe de pression, finit par s'organiser pour dominer l'adverse. Le groupe finit par prévoir ce qui force sur lui.

Mais l'imprévu est de ne pas prévoir ce qui ne force pas. L'homme secret, mais sans calcul secret, sûr mais sans exigence sûre, en se retirant fait tomber ce qui force sur lui. S'il se retire, ce n'est pas pour faire tomber. Il se retire parce qu'il ne peut pas faire autrement. Et en se retirant, tout change derrière lui.

A toujours supposer le délictueux chez l'adversaire, on finit par trouver que le délit ne peut être qu'une agression de l'adversaire. A toujours demander le facile pour les siens, on finit par laisser le difficile aux autres. Il ne vient plus à l'idée d'être obligé à ce qui est dur. Si bien que la morale de groupe finit par ne plus exhorter.

La justice tend vers une normalisation de l'entregent, un code qu'il n'y a plus qu'à mettre en pratique, mais la preuve n'est jamais acquise. Et de partout affluent des preuves qui se disent semblables aux nôtres et qui nous gênent, comme si les preuves ne pouvaient pas s'imiter sans devenir conflictuelles.

Tant que l'on espérait faire servir un procédé industriel ou une tactique économique dans un pays nouveau où ils n'avaient pas été essayés, on pensait que la géographie serait la liberté de l'histoire. Mais citer la géographie pour régler les difficultés de l'histoire fut un éloignement de l'instance.

La spontanéité en modernité sous-entendait la réussite : « ça marche... ». La spontanéité en après-modernité sous-entend l'échec : « c'est à nous de marcher... il nous faut marcher... ».

Comment continuer de penser qu'à définir notre marche nous définirions notre but ? Plus nous l'expliquons et moins nous laissons derrière nous le chemin défini. A bien parler du bien, le faisons-nous avancer ? A médire du mal, le faisons-nous reculer ?

Nous redisons plus tard et propageons plus loin ce que notre intelligence a saisi. Mais l'unité du monde n'est pas une parole. L'unité n'est pas le bien, plus le mal ; le positif, plus le négatif. Savoir que nous ne pouvons pas dire l'unité du monde demande beaucoup de courage devant la vertu, beaucoup devant le vice. Il faut avoir lu les textes désespérés et les avoir brûlés en nous. Il faut avoir entendu la plainte et ne pas y associer notre complainte.

La rencontre du travail tient en une phrase pour le travailleur : « Le boulot, c'est moi qui le fais ». La cité entière croit que c'est une appropriation terrible, un pouvoir triomphal ; en réalité le travailleur cache incessamment : « Il n'y a que moi qui fais aller et il n'y a que moi qui sais comment ça va mal ».

Désormais, connaître le monde ne suffit plus ; le transformer non plus ; c'est le maintenir qui inquiète. Si, en certains cas, nous sommes à la tête du progrès, nous devons l'endurer, ne plus avancer, nous ranger. Pendant des millénaires, il va falloir maintenir l'irrévocable venu en dansant.

Certains disent le monde partagé entre optimistes et pessimistes ; entre oppresseurs et opprimés, entre bien portants et malades. Souvent nous-mêmes disons que le monde est partagé entre ceux qui mettent le conflit hors d'eux et ceux qui le mettent en eux. Mais peu à peu, il faut s'avancer à dire : le monde n'est pas partagé. Les enfants le diront mieux.

Dans le forçage où s'acculent les hommes, il n'y aura jamais de défaite pour les invaincus, jamais de victoire pour les vaincus. Personne ne réajuste personne. Les sentiments humains ne vont pas selon une symbiose. La foi ne gagne pas le doute et le doute ne gagne pas la foi. Les vertus associées ne fondent rien. Les défauts ne s'épaulent pas : s'ils se rejoignent, tout ce qui leur est attenant s'effondre.

Les difficultés vont ensemble par paires ennemies. Les conflits se tiennent. Les reproches opposés ne s'annulent pas, ils s'irritent. Les contraires ne se contrarient pas, ils se servent.

Il n'y a pas de lien entre les tolérances : il y a un lien entre tolérance et intolérance. Vont ensemble : le désir d'affranchissement et la volonté de domination ; la connaissance des déterminismes et la volonté de s'y joindre ; le sens de l'information et le dépassement de son avertissement ; la fougue de tout décentraliser et l'attente d'un univers recentré.

Nous semblions vouloir demander l'ordonnance de l'unité, mais l'unité est sans choix ni travaux. Du moins l'unité n'attend pas la coordination des choix et des travaux. Elle préexiste à toute organisation. Nous la demandions et nous l'avions.

L'unité du genre humain qui s'annonçait populairement comme un grand futur, une grande découverte, un grand horizon nouveau, est en réalité la perception personnelle d'une petitesse où passe, pure et simple, enfantine, la persévérance à tenir le donné qui est unique.

Concrètement, consentir à l'unité, c'est consentir aux travaux de la solitude : le manche de l'outil, la marche dans la cité, l'impossibilité de la déloyauté.

L'épreuve solitaire est une épreuve commune : toutes les blessures de l'humanité sont des blessures solitaires. Travaux : nous y sommes seuls avec ce qui est à nous. Equipes : nous y sommes seuls avec ce que l'on nous donne. Où donc sommes-nous débarrassés de notre solitude ?

L'esprit d'unité n'est pas à l'action dans le monde pour gagner tel continent après tel autre. Il survient dans les déserts sans le passage de caravanes ; chez les insulaires sans attente du long courrier des échanges.

Non pas faite par nous, mais perçue, l'unité est immédiatement totale dans le cœur de l'homme qui veut être vif. Beaucoup en sont venus à comprendre qu'il ne faut plus compter sur le futur, mais établir un sentiment de pré-unité qui n'attend pas.

« Il faut pourvoir déjà à ce que nous ne prévoyons pas ». Il faut plutôt prévoir que nous ne prévoyons pas. La tenue humaine, ce n'est pas d'être tous ensemble et d'être les maîtres. C'est d'être seul et de ne pas être maître.

Nous sommes davantage liés à nous ressembler, qu'à nous rassembler. Mais c'est bien autre chose qu'une liaison. Plus que d'être unis ensemble, ce qui nous destine, c'est d'être munis semblablement.

Ce qui est commun, c'est notre regard, ce n'est pas la chose regardée. Ce qui est commun, c'est notre main, ce ne sont pas les choses touchées. Ce qui est commun, c'est notre pensée, ce n'est pas le journal lu. Le commun, c'est l'acte intérieur qui nous le signifie, c'est l'acte séparé qui nous le manifeste. Le commun c'est la marche, ce n'est pas le chemin. Le commun c'est le travail, ce n'est pas le salaire, ni la durée de l'effort, ni le matériel à labourer, ni le four banal, ni le marché commun.

Le commun est la perception personnelle d'une vérité impersonnelle. Contempler seul, c'est se joindre à tous ceux qui contemplent. Souffrir seul... L'homme est destiné à aimer de moins en moins sa singularité. Ce n'est pas une condamnation, c'est une délivrance. Il mesure sa grandeur, sa force, mais de l'intérieur qui est un sentiment, non de l'extérieur qui est une toise.

A force de nous être comparés en nous méprenant, nous en viendrons peut-être à mieux nous comprendre sans nous comparer. Nous dirons mieux l'unité sans nommer personne. Et le verbe voir, nous le dirons mieux sans montrer quelqu'un.

Des visages, des masques, de l'hypocrisie elle-même, nous ne ferons plus cas. Nous dirons seulement : certains veulent regarder par-dessus et ils regardent par-dessous. Hypo se croit hyper, ce n'est rien.

Certains croient parler par-dessus les apparences. Mais l'apparence trompe ceux qui la dépassent aussi sûrement que ceux qui s'y tiennent.

Ce sont les regards qui voient les choses, mais de regard à regard, il y a un malheur. Les regards voient, mais ils ne transmettent pas ce qu'ils voient. Comment croire que le reste du monde devrait nous être seyant. La perception de notre faille en notre identité nous prépare à percevoir que les conflits entre les hommes sont, eux aussi, une blessure de l'intérieur.

Ainsi, de proche en proche, nous y venons : les souffrances nées dans l'adversité se vivent dans l'intériorité. C'est le cœur qui a tout à faire. C'est lui qui prend tout ce qui est à prendre pour vivre et qui abandonne le reste. C'est lui qui sait que « gagner sa vie », c'est ne rien gagner en trop.

Autrefois, l'homme qui se décidait à agir trouvait une tradition ou un progrès, ou une révolte ; une suffisante mémoire ou un suffisant projet. Maintenant, l'homme, s'il se décide et s'isole, ne trouve que l'insuffisance.

Les paroles proférées ne défont pas, ne refont pas le monde. Le déploiement des actes libres et non-libres, croisés, ne rectifie pas les sentiments désajustés. Les principes ne donnent pas raison. Les faits ne donnent pas raison. Que ferions-nous si nous avions raison ? Quel malheur, si, seuls et démunis comme nous sommes, nous avions raison !

Les hommes à soucis moraux veillent sur eux, mais ne surveillent pas les autres. Hommes de rectitude et non de rectification, leur souci est de tenir droite une hampe oscillante ; il n'est pas de tenir haubannée la droiture des autres. Et pour tenir droite une hampe, il faut se tordre et se faire mal.

Dire « je suis seul à ne pas livrer combat », c'est déjà livrer combat. Les hommes de conflit attendent que nous disions cela. Ils attendent que nous nous désolidarisions pour que nous soyions déclarés ennemis. Alors, ils n'en auraient pas pour longtemps à gagner sur nous. Mais nous ne nous désolidarisons pas. Et nous restons cachés sous la solidarité que nous savions secrète.

Je ne lutte pas contre vos raisons, je lutte contre mes déraisons. Parlant dans le plus grand trouble intérieur, je n'entends pas tout ce qu'on me dit. « L'ennemi nous dit la vérité », c'était une générosité qui portait l'odieux corollaire « Nous disons la vérité à notre ennemi ». Non, la vérité n'est pas altercation, ni conclusion sur analyses alternées. Certaines intuitions vives dans les échanges ne sont pas le point de départ d'où nous partirons vers un but. L'analyse d'un sentiment, l'analyse d'un événement, d'une situation, même le rapport d'un consensus ne donne jamais un point de départ.

« Plus l'erreur des autres éclate, plus ce qui me sert à raisonner me fait peur. Et plus ma faute est certaine, plus elle m'est incorrectible. Rien à faire : ce qui me manque, me manque toujours de plus en plus. »

L'union compte ses membres, cherche à absorber les séparés, se fortifie de la perte des forces qui lui sont extérieures et n'est jamais loin de commander. Finalement, elle en reste toujours à unifiés et unificateurs, séparés et séparateurs.

La socialité c'est la société, plus ce qu'elle refuse ; c'est le social plus l'antisocial. Ayant perçu authentiquement cela, chacun peut se dire « Il y a la socialité et moi. Jamais la socialité n'englobera mon existentialité, car mon existentialité n'est ni le social, ni l'antisocial, ni les deux à la fois ». L'existentialité ne peut pas posséder la socialité, ni ne peut être possédée. Elle ne peut pas vaincre et elle ne peut pas être vaincue. Ce n'est pas une bonne entente et ce n'est pas un conflit. »

Il convient de veiller à ne pas parler de l'unité en termes de discours. L'unité du monde n'aura pas de définition nouvelle, car elle n'en a pas eu d'anciennes. Elle ne s'espère pas comme une découverte, ni comme une conquête, ni comme un essor. Elle se désespère, ou plutôt elle se regrette comme quelque chose qu'on a manqué et qu'il faut racheter, expier de ne pas avoir trouvé plus tôt.

Pour donner une impression de l'ampleur, pour hausser l'unité du monde, il arrivera bien que l'homme offrira de se montrer lui-même plus petit, non pas comme un humilié mais comme un consacré. Et même pour faire comprendre que la certitude de l'unité ne lui est pas propre, il répètera « je ne dis rien de l'unité ».

SOCIALITÉ ET EXISTENTIALITÉ

L'action des autres est notre passion. Notre action est la passion des autres. L'ensemble des actions est un ensemble de charges lourdes et de dégagements brefs. L'ensemble des œuvres et des passivités n'est pas libérateur.

Si nous convenons de dire que le fardeau est le devoir de la socialité, et que le chemin est le droit de l'existentialité, nous devons dire aussi que le fardeau est sur le marcheur et que le marcheur est sur le chemin. Nous dirons même qu'il n'y a qu'une animation sous le fardeau et sur le chemin : c'est le marcheur.

Nous ne sommes pas en socialité, nous sommes en existentialité. Nous portons la socialité dans notre existentialité.

L'unité est une vérité si haute qu'elle demande à mettre en doute les radicalités fragmentaires. L'unité comporte-t-elle la totalité de ce qui existe ? L'unité à laquelle nous accédons comme à un état d'élévation ne permet pas que tout se présente pour y être reçu : le crime ne peut pas être laissé dans ce qui a le privilège de devoir être. Il n'y a rien hors de l'unité, mais dans l'unité il y a des évidements qui doivent rester clos ; et sur les bords, il y a des débordements qui ne doivent pas être tentés.

Le langage de l'existentialité est aux prises avec ce qui est plus fort que lui. Le rationnel n'est pas notre loi. L'irrationnel, non plus. Une nouvelle lucidité : le bien ne nous garde pas du mal. Ce que nous avons compris ne nous protège pas de ce que nous n'avons pas compris. Rien ne suffit. Et même l'insuffisance grandit. C'est le langage qui dit le mieux : « Rien ne suffit ». Ce n'est pas la roche, ni le vent, ni l'événement, ni le compensum ; c'est avec des mots que nous disons que nous mourons, c'est-à-dire que nous sommes nés, forcément faits naître.

Ce sont les mots qui disent que les mots sont dépassés. La souffrance de ceux qui ne le savent pas, rejoint la souffrance de ceux qui le savent. Qui donc peut croire que savoir nous rassasie ? Celui qui sait plus, est-il le plus rassasié, ou le plus insatiable ?

L'accord entre ce que nous disons et ce que nous faisons, l'accord entre ce que nous disons et ce que les autres disent, l'accord entre ce que nous faisons et ce que les autres font, ne nous donnent pas une justesse. Ce n'est pas nous qui déterminons l'authenticité. Notre situation, notre sentiment, notre volonté, notre engagement demandent mais ne peuvent obtenir que tout s'ajuste à eux. Ils cherchent à s'ajuster mais sans pouvoir tenir l'ajustement.

L'authenticité ne témoigne pas pour nous. Nous témoignons un peu pour l'authenticité.

Désormais l'erreur rend malade et la santé ne s'espère plus comme en modernité. Tirer parti de l'erreur, ce n'est pas souffrir de l'erreur. Désormais, l'erreur demande à être supportée non pas tant d'une manière qui empêche la faute suivante que d'une manière qui rachète la faute antérieure.

Il n'y a pas de réforme en pédagogie. Il ne sert à rien de se reprendre d'un enfant à l'autre. Il n'y a que le pédagogue qui doive se reprendre et se racheter. La pédagogie comporte toujours un embarras de discernement. Elle n'en est pas à l'innocence. Elle ne peut prétendre aux mêmes privilèges d'excuses que ceux qu'elle assiste.

L'agio de la modernité, ce ne fut pas seulement l'intérêt de l'argent, ce fut surtout les mérites prélevés sur les causes douloureuses, et les études aisées disposant des actes malaisés.

Nous arrivons maintenant à comprendre que les causes ne sont pas déplaçables et que nous ne pouvons pas fournir à toutes, car déjà nous sommes démunis et nécessiteux sur notre propre place.

Nous arrivons maintenant à comprendre que nous n'avons pas de capitaux à réaliser, ni de valeurs morales à commercer. Nous sommes parvenus où chacun doit se dire en frottant le sol de ses pieds : voilà, c'est là la tâche.

Lorsque l'homme, dit autonome, parvint à l'automobilisme, il crut se mettre en contact avec un univers libre. Il crut que le déplacement individuel et rapide remettait le monde en un élan vital accru. Mais les clefs de contact sont au bout d'une chaîne, on ne sait où attachée.

Le déplacement ne déplace pas l'existence, car l'existence est un temps et non un lieu. Et la rapidité défait la première qualité de la vie qui est la lenteur.

La mondialisation des rapports a fait apparaître avec davantage de précision l'immensité entre les hommes.

La fin de la mondialisation que l'on attendait comme un coup de gong qui aurait couvert les dissenssions et les bavardages, nous a, au contraire, amplifié les bruits du voisinage que nous avions voulu oublier. Les lointains sont comme les proches, mais beaucoup plus nombreux, beaucoup moins abordables.

La solitude éclate au bout du monde avec davantage de fracas et les gens de l'extrême bord sont comme ceux qui débordent sur nous. Les lointains sont comme nos riverains.

La mondialisation a ouvert la dernière case. Nous avons pénétré dans la dernière hutte et, au lieu de voir ce que les premières donnaient à voir en d'autres temps, nous avons recueilli un fétiche lisse à l'œil, muet à l'oreille, ou un tambour pour nous amuser.

Nous étions indignes de notre propre archaïsme ; nous restons indignes de tous les archaïsmes. Que voulons-nous faire dire au commencement des autres, puisque nous n'avons rien retenu du nôtre.

Puisque nous n'avons pas voulu savoir le secret qui fut le post-sentiment d'une antériorité, nous attendons le pressentiment d'un futur.

Reste à savoir si nous voulons parler aux hommes ou aux enfants. Reste à savoir si nous voulons établir des lois de la République ou donner la force d'endurer les lois. Il faut mettre notre espoir dans le courage biodégradable, plutôt que dans l'énergie accumulable.

Les rassembleurs ne furent jamais les maîtres de leur rassemblement. Ils avaient généreusement effectué un dénombrement des séparateurs et ils les avaient convoqués pour l'examen des différences et la conclusion. Les simples peuvent rester simples et les malins rester malins, qui va les faire commercer ? Les attardés sont attardés. Les avancés sont avancés, qui va les faire concorder ?

Ignorant qu'ils étaient une énigme à eux-mêmes, les avancés n'avaient pas mesuré l'ampleur de l'énigme des autres. Ignorant pareillement qu'ils sont une énigme à eux-mêmes, les attardés n'ont pas mesuré l'étendue de la séparation des énigmes. Et le désarroi humain s'est aggravé, lorsqu'il a compté sur le savoir-faire des hommes rassemblés.

Non pas en route vers une ère nouvelle, mais forcés de porter en même temps des charges diverses, les uns et les autres souffrent de la comparaison. Les uns après les autres, les pays ont été impatients de dynamisme, la patience étant supposée ailleurs. Premièrement, la patience était supposée chez les attardés. Maintenant, elle est supposée chez les avancés.

Que la patience soit requise à l'avant du monde : il n'y a pas d'exemple dans l'histoire.

Les turbulents attendent leur heure. Pour les timides, l'heure est venue. La bonté est déjà en peine, et elle demande d'être laissée à sa peine.

La connaissance du bien et du mal est une maladie. C'est pour cela que les fiévreux ne cherchent pas le consortium des fièvres et qu'ils vont à l'écart souffrir.

Quant à nous, inquiets de ce que nous faisons mal plus que de ce que nous faisons bien, nous nous adjugeons à qui nous a connu avant le bien et le mal.

Notre faute cherche à s'écarter et non pas à disparaître. A essayer l'éviction de la faute, nous nous blessons au mal, car nous étions fautifs et sans domination sur notre faute. La faute se souffre. Nous ne pouvons pas prétendre ne pas la souffrir.

Nous ajoutons un sentiment à un autre sentiment, une volonté à une autre volonté, comme si le mal finissait par se complémenter avec du bien.

La rectification du monde n'est pas entre les mains d'une justice honorablement inaccomplie, mais sur les épaules d'un certain rachat de l'accompli.

Là où le nombre est à souhaiter le plus grand possible, il ne faut pas s'employer à le grossir. L'unité ne s'apprend jamais à deux hommes à la fois. Percevoir l'unité, c'est s'éprouver soi-même sans compassion avec autrui. Ce n'est pas respirer avec toutes les poitrines d'hommes, c'est pressentir une pré-asphyxie entre deux respirations. Se sentir fort, ce n'est pas calculer les tonnages internationaux, c'est porter son sac. Se sentir défaillir, ce n'est pas regarder l'autre défaillir, c'est avoir porté jusqu'au bout de ses forces.

De même qu'on n'additionne pas les records, on n'entasse pas les défaillances. A chaque moment : la totalité de notre présence. A chaque instant : l'absence des autres instants.

Le report, l'inteférence furent des arts que nous voulûmes universaliser. Mais l'art nous a joué un mauvais tour. Tout est unique, bref, religieux.

Le couple qui parle d'un autre couple se désaccouple. La solitude tombe comme une fatalité, mais c'est justement le seul endroit où il n'y a pas de fatalité. Tout y est grâcié.

L'unité du monde, nous la percevons, avant d'avoir vu le visage des autres et avant que les autres aient vu notre visage. Nous ne pouvons plus nous déplacer pour nous documenter. Si nous sortons du cortège pour le photographier, il ne faut pas espérer y revenir prendre notre place. L'unité du monde tombe sur nous comme une ondée, sans que nous en retenions une goutte. Nous n'avons pas d'emplacement pour retenir quoi que ce soit.

La perception de l'unité du monde n'est pas un tour de force où tout vient s'assembler et s'harmoniser. Nous ne bouclons pas les déterminismes qui nous arrivent. Et dans l'indétermination, qui est notre moment libre, nous ne saurions tirer et ajuster ce qui ne nous arrive pas. Personne ne referme sur lui le cercle du monde et chacun se blesse à tenir ce qui aboutit à droite et à gauche sans pouvoir le souder.

Nous comprenons facilement que nous ne sommes pas toujours lucides, pas souvent authentiques et rarement à la tête de la récapitulation de nos possibilités. Nous comprenons aussi que personne ne remplace tout le monde à ces exercices. Nous ne suffisons pas à tenir le registre de tout, ni même à assurer une permanence pour un détail. Loin d'attendre une information tardive, c'est une intimation qu'il faut souhaiter de plus en plus précoce.

Si nous comprenons sans difficultés que nous ne pouvons pas dépasser la totalité, nous devons comprendre très tôt que nous ne pouvons pas l'atteindre, car, trembleurs et inconstants comme nous le sommes, nous ne pouvons pas rester stables à sa hauteur.

Là où un homme ne suffit pas, faut-il en envoyer un autre ? Rien de ce qui est le terme de l'un ne saurait être l'origine de l'autre. La vérité existentielle de l'un ne peut s'associer à celle des autres, ni s'opposer ni se confondre. Aucune vérité existentielle n'est conflictuelle.

Si le particulier devient un élément du pluriel, il ne peut plus se destiner à son détachement. Lorsque les paroles de l'intimité fournissent la matière de l'entregent, il se peut qu'elles soient utilisées contre leur propre sens. Pudeur et impudeur, conscience et inconscience, droit et devoir ont des mots mêlés que seul le verbe de vie réajuste.

Ceux qui mélangent le rapport des hommes pour normaliser les motivations rattachent ensemble des émois faits pour se détacher. Ainsi de gourmettes en gourmettes, si l'on attachait tous les chevaux du monde, on les immobiliserait.

Au terme du temps sera défini le verbe de vie autrement que ce que nous voyons dans les déterminismes. Il y aura une définition qui ne tiendra pas son existence de nos définitions. La loi de l'esprit dira la loi du temps.

L'homme voué à l'unité a le pressentiment de la limite, non pas au terme d'une impatience qu'il veut faire partager, mais dans un sentiment d'épreuve qu'il veut surtout ne pas faire partager. Car l'homme voué à l'unité ne veut pas que quelque chose vienne de lui. Apparemment sans originalité, apparemment livré aux tâches banales, il ne souhaite même pas que cette banalité soit inventoriée ; il souhaite seulement que l'épreuve ne soit pas rebutante et que le sacrifice apparaisse grâcié à venir d'un moment antérieur à la première faute humaine.

L'homme qui désormais s'écarte, se tient en retrait pour ne pas voir le bien ni le mal. Il ne cesse pas de réciter les fautes des autres pour s'affairer aux siennes. Il ne se retire pas pour faire un compte à part, il essaie de travailler dans l'ordinaire des jours.

Dans le tintamarre des noms de choses et de personnes, la fourniture du verbe est toujours intacte. Elle se vit comme si c'était la première fois et la dernière. A tous les instants, le souffle est grâcié d'un vrai début et d'une vraie fin. Le présent du verbe se recueille comme l'unique munificence.

La pureté, ce n'est pas grand'chose au début : c'est le départ dans le langage. La suite dira l'arrivée des compléments de l'expérience, l'absence de distraction, la tenue du courage ; la suite montrera qu'il n'y a pas eu de droits indus, de ramassage d'armes, pas de possession et pas de crédits. La fin dira qu'il n'y a pas eu progression et que dès le début tout est donné — non pas en totalité — mais selon un souffle unique.

La pureté enfantine n'a pas beaucoup de mérites. Elle est même sans innocence véritable, mais elle recueille ce qu'il faut recueillir : cette vie tendre qu'il ne faut pas exacerber.

Si l'unité est déclarée plus vaste que l'union, logiquement, elle devrait se définir avec davantage de moyens, or elle demande seulement la minimalité d'un signe. La défense et l'illustration sont des précisions relatives qui ne peuvent pas renforcer la perception de l'absolu de l'unité.

Le rappel d'une origine commune ne nous rassemble pas. Le signe d'une destination commune ne nous rassemble pas. Nous sommes toujours à nous dire en chemin, c'est-à-dire sur des chemins divers. Il semble même que ce soit un obscur sentiment de tâche commune qui nous fasse souffrir de ne pas vivre communautairement nos parcours. C'est parce que nous allons vers un même but que les chemins ne sont pas semblables, car chacun n'est pas parti d'un même lieu. La parole de rassemblement ne dit pas à tous la même chose, elle dit à chacun une obligation qui n'a pas de rapport avec les autres obligations mais avec la nécessité qui draine toutes les obligations.

Allonger la radicalité, c'est faire durer un cas particulier, c'est l'entraîner abstraitement ailleurs. A partir du moment où nous pensons à ménager un dégagement dans le temps, il nous vient naturellement à l'esprit de ne pas surcharger la vie des concrétions de l'histoire.

Abréger la radicalité, c'est dégager les radicalités suivantes. Porter le poids de l'instant, c'est ne pas le communiquer. On ne tient pas compte indéfiniment d'un instant. Mais dans un instant on peut prêter serment de ne pas tenir compte pour toujours.

Abréger le fugitif, ce n'est pas l'amoindrir, c'est le faire parvenir au terme de sa fuite. Abréger l'instant, c'est le restituer à l'ampleur du sens toujours libre, toujours ouvert.

Le travail de la pensée existentielle n'est pas l'exploitation des sentiments, ni des faits, ni des idées en cours. C'est la poursuite de l'intuition que l'important est mieux saisissable avec moins d'expériences qu'avec beaucoup. Ainsi, chaque moment de ce travail modeste est soit la liquidation d'une introspection, soit le dépassement d'un événement, soit un abandon du dialogue.

Ce que nous avons en commun est bien plus que le langage. Nous sommes aussi communs avec ceux qui ne nous parlent pas. Et nous sommes encore communs avec ceux qui nous contredisent.

LE TEMPS

La tenue du temps, même si les instants n'en sont pas les mêmes pour tous, est le vrai lieu commun. La tenue, (au sens agricole : une exploitation) travaille à élargir les limites de l'instant. L'attention au temps est le meilleur· exercice d'intelligence que nous puissions nous imposer. L'attention à l'espace déjà nous guidait et augmentait nos connaissances ; la recherche du bord nous désenclavait.

Nos limites nous renseignent plus que notre expansion. Les limitations de l'espace et du temps ne sont pas nos vraies contraintes. Notre plus terrible contrainte, ce fut de ne pas voir nos contraintes. La sensation des limites n'est pas une oppression mais un soulagement. Lorsque tout nous dépasse, nous nous trouvons débarrassés d'être dépassés.

Extrêmes, vivant en tout instant à notre extrémité, nous ne saurions dire que nous vivons au centre de nous-mêmes, car nous sommes toujours à la limite de nos forces et de nos possibilités, sans être protégés par quelqu'un.

Si quelqu'un ne vient pas à nous, c'est qu'il ne va pas jusqu'à son bord. Son devoir, sa grande nécessité, ce n'est pas de nous aborder, c'est d'aller jusqu'à ses limites. Seul le cœur trouve soudain en lui un état qui n'est pas du tout de lui. Nous ne sommes pas voués à un cœur-à-cœur universel, car personne n'ose affirmer qu'il perçoit toutes les joies et toutes les douleurs du monde ; personne ne peut se mettre en devoir de faire le commissionnaire.

Incessamment nous omettons quelque chose, bien que nous voulions tout savoir. Nous voyons ce que d'autres ne voient pas. Et d'autres voient ce que nous ne voyons pas. Nous ne comprenons pas les mêmes choses au même moment. Mais tous, nous attendons le bord du temps, une vue préalable sur la récapitulation. Il y a un moment où personne ne se gêne lorsqu'au lieu de dire « bataille », nous disons « terme ».

Le retournement des situations n'est pas un bouleversement de société. C'est la même situation attaquée sous un autre angle, c'est le même temps vu par une autre arrivée, ce sont les mêmes hommes pris dans un autre sens.

Retourner les circonstances, c'est toujours continuer le temps, c'est toujours poursuivre ce qui semblait fini, déployer ce qui semblait pris, trouver ce qui était perdu, redisposer les possibilités.

Les hommes changés selon des circonstances changées sont encore les mêmes, regardant arriver l'imprévu au lieu de le regarder partir ; regardant partir l'événement au lieu de le regarder venir ; désirant au lieu de regrettant ; regrettant au lieu de désirant ; déméritant après avoir mérité ; purifiés après avoir été immondes.

Quelle piété ou quelle impiété coupe le temps en deux ? Quel ordre ou quelle remise en ordre peut refonder le monde ? Qui a partagé le temps ne peut prétendre le réunir.

Si nous sommes sans percevoir d'abord l'unité du temps, nous serons toujours sans comprendre l'unité du monde. La notion de l'unité des temps est facile, elle ne demande aucune preuve.

Si nous comprenons que le monde ne s'écoule pas dans le temps, nous sommes assez prêts à comprendre que le temps ne s'écoule pas. Si nous ne donnons pas d'écoulement nouveau au temps, c'est que nous comprenons que le temps est déjà dans l'océan cosmique.

Le temps ne met pas les hommes en opposition, mais il met de la suite dans leurs actes. Tout est enfilé dans la ligne de l'unité. Il n'y a pas les choses d'une époque et les choses d'une autre : toutes sont dans le même filament. Il n'y a pas des gens d'une manière et des gens d'une autre : tous sont d'un même filament.

Les radicalités avaient tenté d'intercepter l'unité : « A partir d'ici, tout change » ; « Maintenant ce n'est plus comme avant ». Mais y a-t-il une radicalité qui détermine ? Y a-t-il un instant intermédiaire qui commande au premier ?

« Le temps transforme tout. Etre s'y prolonge en se dégradant, ou s'y avance en se perfectionnant. Etre n'est pas libre hors du devenir ».

Un peu de persistance nous donne à comprendre qu'il n'y a pas de chemin, ni de pays, ni de temps pour être. Le chemin, le pays, le temps, l'ébat de l'émoi sont des évidements creux à l'intérieur de ce que nous appelions les déterminismes. Il n'y a rien hors le verbe être. Si être était dans le temps, dans quoi flotterait le temps ? Le temps est une affaire d'être. Etre n'est pas une affaire de temps. Etre, toujours intact, a été dégagé par sa création. C'est le seul grand verbe. Il anime tous les autres.

Il est bon que l'homme aime le temps : le temps le libère de ce qui serait bloqué ; il l'aide à être grâcié avec ce qui est donné. Il l'aide à recevoir ce qui n'est pas déjà donné.

Le créé contient de l'incréé ? Qu'est-ce que l'incréé ? Le langage, l'acte, le jeu, l'art, la liberté, l'amour, l'émoi du bien ou du mal, les institutions, les inventions ?

Si le créé est le son, l'incréé est-ce la résonnance ? Si le créé est la lumière, l'incréé est-ce notre regard ? Non. Le créé c'est le bruit, l'écho de la montagne et aussi le sursaut de notre cœur. Le créé, c'est la lumière et aussi notre vue et aussi notre marche libre, bien assurée par la bonne visibilité. Le créé, c'est le champ et aussi le labour et bientôt la moisson. Il n'y a rien hors le créé.

L'incréé redonne ce qui est donné. L'incréé est la redondance du créé. C'est la mobilité de notre regard sur le créé. L'émoi de notre cœur n'est pas un phantasme inventeur de dieux nouveaux ni de dieux anciens. C'est une ténacité nouvelle envers une réalité vieille.

Il est dommage que nous appelions nouveau ce qui vient après l'ancien. La vraie nouveauté ne fut-elle pas au début ? Il semble que l'homme farouchement simple ait toujours été empêché de parler. Que peut-on l'avoir empêché de dire ? Le poids de la peine ? La nécessité vitale ? La nullité des convenances ? Les grandes préoccupations sont reprises en chœur. Mais la tradition s'acharne à empêcher une communication première. Le progrès redouble d'acharnement pour empêcher cette communication. Il y avait avant l'homme un temps. Chaque jour a dit oui au précédent. A qui le premier a-t-il dit « Amen » ?

Apparemment souple dans les déterminismes, l'homme de la modernité est tranchant quant au début du temps. Il est sans esprit d'arrangement avec ce début (et plus tard avec la fin), car il veut qu'ici, maintenant, tout lui soit tolérant et favorable.

Apparemment raide et inconciliant, l'homme de l'après-modernité s'est écorché et blessé dans les déterminismes. Celui qui paie de sa personne, n'attend rien ici, car il en est à savoir qu'il a tout pris dans l'adjudication de l'antériorité : « Et dire que je suis seul à dire oui. Dire qu'il faut être seul à soutenir ce qui est donné !... »

Lorsque nous disons que certains ont fracturé l'unité du monde, ce n'est pas qu'ils ont coupé l'espace en deux, c'est qu'ils ont coupé le temps en passé et en futur.

Le temps est indivisible, ce n'est pas la peine de le traiter comme un pays. Vouloir le futur comme un établissement nous oblige à le mettre en état comme une base d'atterissage dans un pays déjà conquis.

Nous désirons gagner le lendemain avec ce que nous avons perdu la veille, mais il n'est plus possible d'appeler cela élan vital, amour de la vie, prospective. Il y a une manière d'étreindre le futur qui compte faire servir le passé. Mais le futur est de plus en plus circonstancié et de plus en plus contraint de payer ce qui fut envié. Le désir est désormais un désir du passé. Conscient, organisé, demandeur de crédit, ludique, le désir compte sur le futur qui le comblera : le futur, une fois possédé, paiera.

Si la radicalité veut poursuivre sans fin l'arborescence de ses ramifications elle en vient à se prédestiner.

Il ne s'agit pas de se réjouir pour toujours, ni de craindre pour toujours.

Pourquoi s'en aller craindre du futur comme d'une totalité adverse, alors que la totalité préexistait avant nous et qu'elle n'était pas adverse puisqu'elle nous a laissé naître ?

La liberté aide à agir. La liberté est soudain dans notre émoi et, peu à peu, dans notre acte. Mais après ? Si la liberté n'est qu'une mobilité, comment soutenir l'immobilité ? Combien de temps ? Oh ! Combien de temps jouer le présent et déjouer le futur ?

La liberté, qui nous a aidé à nous déterminer, nous oblige à soutenir notre acte. Ayant cru que la liberté était principe, nous demandons son épanouissement. Et sans comprendre que la liberté mourait à chaque respiration, nous restons avec la représentation du futur dont nous faisons un principe d'espérance. Dicriminateurs du temps sans le savoir, nous devenons moralisateurs impuissants sur les désespoirs.

Les hommes de la modernité avaient choisi ce qui leur convenait, privilégié ce qu'ils aimaient, refusé ce qu'ils n'aimaient pas, pris de la hardiesse avec ce qu'ils savaient, ignoré ce qu'ils ignoraient. C'était leur liberté ; mais c'était une liberté de choix second. Prendre dans la chaîne des bienfaits le dernier venu, les laissait fort loin des pauvres premiers. Il leur semblait que les hautes technicités étaient les bonnes et les seules bienfaitrices.

De co-responsabilités en co-responsabilités, nous ne nous sommes pas approchés des protéines, nous nous en sommes éloignés. Nous avons délégué beaucoup de soucis. Que sont-ils devenus ? Quelle habileté ont-ils suscitée ? Quelle amertume ont-ils transmise ?

Nous de la vieille Europe, nous avons fait le plus grand tas d'erreurs pour en faire un brûlot. Mais au moment d'y mettre le feu, notre allumette n'a pas communiqué sa flamme. Ainsi d'âge en âge, non seulement les erreurs s'amoncellent, mais aussi les brandons éteints.

Nous ne pouvons plus savoir ce que nos raisons sont devenues. Nous n'avions pas deviné qu'elles ne pouvaient être universellement reprises. Nous avions fait les accusateurs publics ; nous comptions que quelqu'un quelque part ferait les pardonneurs publics. Mais tout le monde a tenu à être accusateur.

Nous avons croisé le fer par-dessus nos manquements. Mais le temps a coulé par-dessus nous tous comme un béton dont l'armature serait les épées croisées, les arguments bloqués, les outils cassés.

Au transfert des récriminations, les commissionnaires abondent, mais ils sont cachotiers sur eux-mêmes. La transmission du blâme, de la louange, du désir, de la rancœur est une affectivité illicite.

Formés aux psychanalyses, ils travaillent à décomplexer les autres et se trouvent de plus en plus complexés eux-mêmes. Formés aux sciences humaines, ils s'appellent eux-mêmes « science » et ils croient que les autres vont l'apprendre. Formés aux stratégies de groupe, ils en sont toujours à ne pas savoir qu'ils n'ont plus les hommes du passé comme ennemis.

Ceux qui ont cru aider les autres à se libérer n'en finissent jamais de demander quelque chose pour eux-mêmes. Ainsi les hommes aux volontés excédentaires s'emploient à placer leurs excédents. Ils demandent du temps, afin d'être plus au large. Le temps, n'est-ce pas le déploiement de la liberté ? Mais la place est toujours la même : il n'y a jamais davantage de place.

L'acte d'allégeance aux co-responsabilités nous a beaucoup éloigné de la responsabilité dont on ne dira jamais assez qu'elle est brève et brutale. Nous avons tracé longuement les chemins des libertés en disant qu'une tradition nous portait ou qu'un projet nous soutenait. Est-ce possible de signifier notre responsabilité en nous déplaçant dans le temps ?

Le passé et le futur sont sans voix. Même si les temps sont muets, l'origine reste l'oracle. Tout a une fin, sauf le début. La tradition n'est pas l'origine. Le progrès n'est pas la fin. La mémoire escamote le début, car elle ne connaît que la suite. Le projet escamote la fin, car il ne connaît pas la suite de la suite.

Seul le présent le plus désertique, sans intercession et sans circonvenant, nous donne à percevoir l'affleurement des bords. Il y a tout ce qu'il faut dans le présent, y compris la sensation de respirer, y compris la sensation de ne pas tenir et de décamper. C'est le futur qui refuse la sensation du bord et propose un dégagement qui est une chute. C'est lui qui propose les partages et nargue les départages les uns après les autres.

La timidité enfantine, l'étonnement philosophique, le désespoir des hommes loyaux envers la liberté sont des moments où se presse l'ampleur du temps. Si nous désirons toujours plus de place, nous restons cependant très pris pour avoir collé à l'enflure du développement. Nous restons pris à nos arts, à nos fabriques, à nos projets.

Il faut beaucoup de moments manqués pour comprendre que le manque ne s'aggrave, ni ne s'améliore et qu'il est originel. Il faut beaucoup de temps pour comprendre que l'utilité de l'instant n'est pas fondatrice.

Où disposons-nous de nous-mêmes ? Si l'illimité vient s'effacer sur nos limites, est-ce pour que nous nous aventurions jusqu'à l'illimité ? N'est-ce pas plutôt pour qu'il n'y ait pas de captivité et pas d'aventure en nos lieux ?

Et le cœur ? Le cœur ne donne rien ; il laisse tout ; il avait trouvé, seulement. Lui que l'on voulait réduire à l'intime, il a trouvé à l'autre bout des temps l'ultime. Celui que l'on voulait séduire et concerter s'est laissé aller à se déconcerter. Celui que l'on voulait traquer dans les conflits était le seul qui n'allait pas aux conflits. Le cœur vivant de l'enfance, qu'il faudra garder jusqu'à l'extrême moment, salue le maître des temps et se délivre ainsi de ce qu'il est libre de ne pas saluer.

L'unité des temps, jamais susceptible de plus ni de moins, ne peut être réduite en partie. Elle ne peut être certifiée qu'en une seule proposition, non pas dans une phrase qui s'approche pour la posséder, mais dans une phrase où le parleur s'éloigne pour mieux signifier la distance.

Pour dire l'unité sans les représentations que nous en avons, nous devons nous acculer le plus possible en nous-mêmes. Malgré la véhémence de notre brièveté, nous ne pouvons dire que nous écourtons ce que d'autres pourraient prolonger. Il nous faut conclure en solitaire.

Le cri suffirait. Ou le soupir. Mais alors quand la prière ? Il faut qu'il y ait une prière pour dire que nous endurons tout pour que le temps dure, mais ce n'est pas le temps que nous aimons, c'est être.

Dans la reconstitution du passé, nous mettons en place des choses et des hommes disparus. En évoquant les anciens temps, nous avons l'impression de pouvoir ajuster ce que nous savons bien avec ce que nous savons moins bien. Nous avons l'impression de trouver ce que nous avons apporté. Mais à trop supposer, nous ne pouvons plus soutenir. Et soudain, nous ne trouvons même plus ce que nous avons apporté.

Le passé dissimulait quelque chose qui n'est pas le présent. Le présent dissimule quelque chose qui n'est pas l'avenir. La disparition du temps entraîne plus loin que la succession des jours et la conséquence historique. Si le début de la notion de temps est une intuition, la fin de cette notion est aussi une intuition.

La disparition du temps coïncide avec le début d'une apparition. Ce n'est pas quelque chose de nouveau qui apparaît après notre expérience du temps, c'est quelque chose d'antérieur. L'antériorité ne s'amenuise pas en s'éloignant, elle ne fait que grossir et se rapprocher.

Nous n'avons jamais conscience de commencer le monde. Nous le continuons. Et c'est ainsi qu'à ne rien commencer, nous prenons une antériorité toujours plus chargée.

Plus nous connaissons de longs moments d'histoire, plus nous découvrons que durer servait à être. Rien n'a les moyens de durer sans être. C'est être qui endure. Plus nous transformons le monde, plus nous endurons. Et ce n'est pas ce qui subsiste des transformations qu'il nous faut endurer, mais l'émoi, l'influx nerveux qui a voulu les transformations.

« La promptitude sera de plus en plus à la portée de tous. Si la fin des temps est pour demain, il ne nous reste que demain pour nous rattraper de ne pas avoir eu notre part hier. Si aujourd'hui n'a plus de rapport avec un après-demain, il n'y a pas lieu d'attendre justice dans l'après-futur. S'il n'y a plus affaire avec une longue révision des poids et mesures, il faut à la hâte défaire les anciens partages et prendre sans peser ».

Or, nous ne pesons rien si nous ne consentons pas à repeser. Nous nous trompons quand nous en finissons avec un ancien projet ou quand nous venons à bout d'une réforme. Lorsque nous liquidons les antécédences insensées, nous ne pensons pas que notre liquidation est insensément justifiée.

L'essai de possession de la promptitude du temps est une émeute de plus en plus commune.

La vraie notion du temps est le rachat de la promptitude, le portement sur un corps écorché d'une extrême lenteur.

ARCHAÏSME OU ANARCHAÏSME

Pourquoi sommes-nous tant choqués de nos différences ? Parce que nous avons trop joué sur nos ressemblances. Sûrs de nous dans notre bonne entente, nous restons sûrs de nous dans nos mésententes. Cela nous entraîne non seulement aux conflits, mais au mépris de ce qui n'est pas conflit.

L'unité, pourquoi la conclure ? Nous l'entrouvrons et nous ne finissons pas de la refermer, d'essayer de refermer à notre emplacement, d'essayer de ne pas nous comprendre dans la définition.

L'unité, pourquoi vouloir en faire quelque chose ? Nous ne pouvons l'utiliser et tout ce qui est en notre pouvoir, c'est de ne rien vouloir sur elle. Dans ce combat contre nous-mêmes, il faut combattre avec ce que nous savons de nous, non avec ce que les autres en savent.

Et pour combattre contre nous avec ces moyens-là, il faut avoir pensé d'abord à nous. Penser à soi : la plus inattendue blessure dont on ne se refait pas.

Après nous être beaucoup amusés de ce que nos mémoires avaient en commun, nous souffrons de ce qu'elles n'ont pas en commun. Ce que nous n'avons pas en commun est notre manière de dépasser notre mémoire.

Sans rien oublier des mérites et des démérites, nous voulons dépasser la connaissance du bien, car la connaissance du mal nous attend. Nous pratiquons la vertu et nous nous évertuons. Le bien semble un fruit équeuté, le mal semble ne jamais se cueillir et ne jamais périr. Le bien s'achève. Le mal ne s'achève pas. On peut scandaliser. On ne déscandalise pas.

La totalité du monde rend fou. L'ensemble n'a jamais été vécu par un homme et c'est seulement avec des parties de l'ensemble que nous nous expliquons.

Nous faisons coïncider ce qui part de nous avec ce qui vient à nous, persuadés que notre radicalité fait le tour du monde. Mais l'arbre du monde est énorme : notre scie n'entame que l'écorce et notre encoche mord de biais sans doute, car nous faisons le tour et nous n'arrivons pas en face de notre coupe.

Les choses se tiennent entre elles autrement que nous le pensons. Parce que tout se tient et parce que nous ne tenons pas tout, nous sommes séparés.

Ceux qui souffrent sont mêlés parmi les autres, mais ce n'est pas un mélange. La douleur n'est pas délayée.

Que faire des hommes qui ont souffert. Et que faire de ceux

qui n'ont pas souffert ? A qui donnerons-nous le bonheur demain matin et à qui le malheur ? A qui donnerons-nous la beauté demain soir ?

Comment, nous qui n'avons eu comme but que de sortir d'une crise, remettrons-nous le sens du monde dans une autre crise ? C'est justement quand tout sera juste que notre cœur oubliera qu'il est injuste. Et nous qui donnons généreusement notre pitié, nous ne verrons pas que nous sommes pitoyables. Quand la nourriture sera gratuite, tout ira mal.

Quand un homme souffre et qu'il demande du secours, il ne dit pas « quel malheur en moi ». Mais « quel malheur dans le monde ! »

Ainsi des souffrances s'associent à d'autres souffrances pour grossir leurs plaintes. Ainsi, fréquemment, les petites misères se protègent avec les grandes. Mais les grandes ne sont pas protégées par les petites. Ce qui est extrême n'arrive pas dans une mutualité. L'extrême conclusion humaine n'est pas enregistrée sur un terminal de plaintes.

Percevoir l'unité du monde n'est pas trouver la combinaison de tous les éléments, c'est recevoir le sens de l'unité comme ce qui a été donné à chacun des éléments. Prendre congé des relativités de chaque élément, sans nous faire atteindre un absolu, nous engage cependant à dépasser l'enchaînement des relativités pour se remémorer que notre mémoire n'a pas reçu le principe et que notre prospective ne le reçoit pas.

Non seulement notre mémoire ne peut pas totaliser les radicalités que les hommes ont établies, mais elle ne peut pas trouver la première radicalité fondatrice, ni à plus forte raison ce qui lui est antérieur. De même qu'il n'y a pas la fin des temps dans le temps, il n'y a pas le début des temps dans le temps.

Désormais, on comprend un peu mieux que l'unité du monde, ce n'est pas de parler de soi et des autres, c'est de parler de l'homme après l'acte, c'est-à-dire de l'homme avant l'acte. L'homme sans l'acte est une perception que nous ne finirons pas de creuser.

L'homme existe sous l'acte. Il faut délivrer ce qui n'est le symptôme d'aucune volonté. L'homme sans le travail existe en plein travail. L'homme sans l'acte existe. C'est une abstraction ? Mais c'est une bonne abstraction qui n'a pas besoin d'une reconcrétisation.

Hors du laps de temps actif, l'homme est donné à lui-même par un certain sens. Dire oui à ce sens, c'est prendre la vie sans trouver de sens à la vie ; c'est aller à la mort sans trouver de sens à la mort. Car le sens quelquefois donné à la vie, ou le sens quelquefois donné à la mort sont bien insuffisants à donner un sens à tout. Même l'histoire du monde ne donne pas un sens à tout. Il y a un sens parce que ce sens va sans nos actes et sans nos sentiments.

Alors l'homme sans l'acte rejoint Dieu sans la manifestation. C'est apparemment une abstraction, mais une abstraction qui n'a de compte à rendre à aucune autre abstraction ni de relais à passer à aucune autre.

Il n'y a qu'une abstraction. Une fois commencée, elle dure toujours. Elle n'utilise pas le concret pour le soumettre. Elle ne cherche le concret que pour le soutenir. C'est une tenue de l'esprit. (tenue au sens agricole).

Il n'y a qu'un sens. L'homme trouve qu'il ne peut pas être là par ses propres moyens, mais selon un sens qui le grâcie, qui l'a grâcié avant ses mérites et ses démérites.

Supposée advenue, la fin serait plus inattendue pour le vainqueur que pour le vaincu. La justice est plus difficile pour celui qui a le pouvoir que pour celui qui ne l'a pas. Qui peut le plus, dorénavant, peut le moins, immédiatement. La réussite fondue avec l'échec ne donne pas l'apaisement. Tout devient difficile, car tout est à vivre sans perspective d'efficacité nouvelle à exploiter sur de l'inefficacité.

Pourquoi parler ici de gagner ou de perdre ? La perte a été sous-entendue comme un jeu de qui perd gagne, qui a perdu va gagner. Le désenchantement du vainqueur est déjà certain. Le désenchantement du vaincu ne l'est pas encore, car le vaincu croit que tout est gagné pour le gagnant à venir. Mais que fera-t-il du gagnant ancien, après l'avoir mis à perdre ?

Nous arrivons bientôt à cela, il n'y a plus de gagnant, car il n'y a pas de jeu. Il n'y a pas d'expansion de pays, car il n'y a qu'un pays. Il n'y aura plus de développement, car il n'y a qu'un seul et même enveloppement.

Toute société est déjà dans l'invariance de l'unité du monde. Les hommes en ont assez peu conscience, car leurs dirigeants livrent un combat de chefs, les médias un combat d'idées, les besogneux un combat d'intérêts. Mais l'unité du monde est sans conflits, elle est sans guerriers, ni militants. Elle est sans partage pour être attribuée. Elle ne se découpe pas, elle n'offre pas de centre à partir duquel tout se coupe et se distribue. L'unité du monde suppose toujours le dégagement, c'est-à-dire l'impossession du temps.

L'unité est elle-même un chemin qui mène au début du monde, parce qu'elle est un chemin qui vient de l'antériorité au commencement, c'est-à-dire de Dieu.

S'il n'y a pas de commencement, tout se tient quant à nous et il faut que tout soit tenu par nous. Quoique nous fassions, nous démarrons la naissance de notre conscience sur ce qui nous apparaît. Nous posons le démarrage de nos actions sur notre état. Nous posons la pointe de compas pour tirer le plan du monde sur notre emplacement.

Archaïsme ou Anarchaïsme. L'archaïsme est une relation particulière avec le début du monde ; ce n'est jamais une tradition ; c'est toujours une notion existentielle de l'impossession du temps. L'anarchaïsme est une absence de relation avec le début du monde, qui cherche à enclore l'agrément universel dans une possession du temps.

L'archaïque (celui que je veux dire) arrive à la fin avant l'anarchaïque. Il arrive juste à temps pour que la prédestination ne tombe pas dans les mains des hommes aux volontés excédentaires.

Les instants sont détachés les uns des autres. Il faut aider l'homme à se voir détaché d'eux. Il faut aider l'homme à se voir libre, lorsqu'il se rend de l'un à l'autre.

Dans l'instant fugitif où nous passons d'une occupation à une autre, nous pouvons percevoir que nous existons sans occupation. Les occupations semblent faire disparaître ce qui n'est pas observable, mais, peu à peu, il se précise que ce que nous appelons inobservable, absurde, aliéné, extatique, est un souffle de vérité venu on ne sait d'où. Et nous vivons naturellement de ce souffle qui n'a rien de naturel.

Les circonstances ne sont pas rattachées entre elles. Entre les circonstances, il y a des intermittences. Et ce sont dans ces intermittences que nous respirons.

Nous ne disons jamais suffisamment que les circonstances ne nous lient pas. C'est nous qui lions et délions les circonstances. Lorsque nous éprouvons que les instants sont déliés les uns des autres, nous nous trouvons abandonnés si nous nous estimons anarchaïques ; nous nous trouvons sauvés si nous nous estimons religieux.

La séparation que nous cherchons n'est pas une séparation d'avec les autres, mais une séparation d'avec nous-mêmes. Détacher les instants les uns des autres, ne pas vivre selon l'enchaînement des actes, mais vivre selon une fidélité à ce qui paraît à peine.

Ils nous attendent, ceux avec qui nous ne communiquerons jamais. Dans le fond des temps très lointains, ils seront émus. Ils ne seront pas initiés. Ils nous croiront mieux si déjà nous n'avons rien dit d'eux. Ils patienteront mieux si déjà nous patientons.

Ainsi, les hommes très tards à venir nous accompagnent. A cause d'eux, nous nous retenons de parler. Et voilà qu'en nous apprenant à nous taire, ils font plus pour nous que ceux qui nous apprennent à nous exprimer.

VII

L'ENTRE-TEMPS

La persistance des médias à présenter quotidiennement les réalités et à les enlever finit par instaurer les états généraux d'un certain idéalisme qui aurait ses assises dans le fonds commun de l'actualité.

Là, si le conseiller moral voulait devenir un animateur social, tout le monde en profiterait ; les journalistes rediraient ses propos ; l'homme politique s'inspirerait de lui, les travailleurs se grouperaient derrière lui.

Sollicités, interpellés, les hommes de bons sentiments ne peuvent pas se retenir de promettre et ils se promettent eux-mêmes en surplus.

Que devient donc le sens intime dans les états généraux ? Que devient la patience dans les forums ? Une récréation dont les publicistes s'amusent. La clémence dans les services ? Une commodité pour ceux qui ne font pas leur part ; une incommodité pour ceux qui la font.

Les hommes souffrant pour l'unité du monde n'apportent plus leur contribution aux médiatiques qui viennent les chercher pour sauver leur affaire perdue. Les hommes bons ne signalent plus la bonté car ils n'en ont pas les preuves ; ils n'ont même pas les moyens d'empêcher que la bonté ne soit prise en défaut.

L'ahurissement de la politique vient de ce qu'elle utilise toujours une critique du passé et de ce qu'elle se sert toujours d'un crédit sur le futur. D'une part elle prend sur les conservatismes qu'elle blâme. D'autre part elle arente l'expansion qu'elle n'a pas conquise. Elle lève des migrations pour ailleurs, pour plus tard, mais s'avancer qu'est-ce pour être ?

Les analystes des événements progressent sans douter un instant que la synthèse soit assurée. Mais dans le domaine où il s'agit d'être il n'y a pas de lieu de synthèse.

Si la synthèse ne peut pas être assurée, l'analyse ne mérite pas l'honneur qui lui est fait. Les comparaisons courantes dans le monde de tous les jours sont destinées à cesser. Déjà, des hommes savent que bientôt le monde réel ne sera pas à nommer absolument.

La bonne chance a une loi. La mauvaise chance a une loi. Et ce n'est pas un agent intermédiaire qui fait l'entregent. Une juste idée de l'agent social intermédiaire est aussi difficile à régler que le rapport entre le bonheur et le malheur. Maintenant il y a une césure entre le bonheur et l'intermédiaire et une autre césure entre l'intermédiaire et le malheur.

Servir d'intermédiaire entre les hommes est la vocation des communicateurs : ils ne prononcent pas des communications, mais ils font la commission de ce que les autres prononcent. A partir du moment où beaucoup font profession d'intermédiaire la recherche d'un emplacement pour les médias finit par agrandir la séparation entre les hommes. Et ce qui devait être un lien devient un coin-à-fendre.

Quant à devenir intermédiaire de base comme beaucoup pensent pouvoir l'être, cela ne met pas dans une situation d'intervenant. A la base on n'est pas entre deux hommes. On est entre le concret brut et un homme. Entre la base du réel et la vie humaine, il n'y a pas d'intervention possible, car chaque homme doit percevoir le réel par ses propres moyens et c'est le gêner que d'intervenir entre lui et le réel.

Un homme est en position favorable pour commander mais quand le favorable est fini que faire du défavorable ? Un homme peut en juger un autre, mais combien de jours un témoin peut-il être juge ?

Un instant peut délivrer un autre instant qui a été opprimé. Mais jusqu'où l'oppression peut-elle se défendre ? A combien d'enfants le rôle de fils d'opprimés ? A combien, le rôle de fils d'oppresseurs ?

Un temps ne peut pas être plus fort qu'un autre. S'il l'est, il ne peut pas racheter le pire et lui-même. Un temps ne sauve pas deux temps. C'est la même loi qui dit qu'un temps n'en perd pas deux.

La vraie vie est indépendante et cependant obéissante. Soustraire l'instant au voisinage ce n'est pas seulement l'empêcher d'être influencé, c'est aussi l'empêcher de commander.

Si l'instant sort de son articulation, s'il s'enlève de sa tâche, c'est pour aller en absolu. C'est pour cela que le contact avec l'absolu semble ne rien faire ; le rappel de l'absolu semble ne rien dire. Mais, pourtant, l'instant poussé à bout se remet, hors tout usage, à un jugement absolument particulier.

Si notre sentiment n'est plus de mise, celui des autres ne l'est pas non plus. Ce ne saurait être la réciprocité des sentiments qui pourrait justifier ce qui n'est pas de mise.

L'enchaînement des commentaires ne convient nulle part. Entre chaque instant il y a une intercession, même pas une prière de notre volonté, mais un passage cédé à la vérité. Quand notre sentiment n'est plus en jeu, celui des lointains l'est encore, mais bientôt il ne le sera plus. Bientôt, en poursuivant, on ne voit plus le sentiment, ni l'intérêt. Bientôt la mutualité sociale ne nous assiste plus. Bientôt l'assurance morale nous manque. Il faut aller jusqu'à l'accès de ce que l'on ne décide pas.

L'amour de la vie, la nuptialité, la peur de la mort, le débat ultime, voilà bien ce dont il ne faut pas témoigner. Nous nous sommes déjà perdus à décrire les interférences du bonheur et du malheur. Nous nous sommes blessés à départager le juste et l'injuste.

Nos sentiments ne sont pas de mise, mais entre eux il n'y a pas rien. Voilà que dans l'entre-temps il y a le principal.

Après nos travaux, il faut se mettre à l'écart pour des raisons antérieures que nous avons manquées. Les techniques n'étaient pas encore à rebrasser la masse du réel, les conseils de sagesse n'étaient pas encore élaborés que l'intercession générale était désirée. Se décaler. Se dégager. Se déprendre.

Avant tout acte, il y a un emplacement que la réalisation des projets est loin d'occuper. Avant toute perception, il y a le sentiment de ne pas pouvoir aller jusqu'au bout du monde par perception directe, ni par intermédiaire. Entre chaque acte il y a une coupure que les médias ne relient point. Entre chaque parole il y a une césure. Entre chaque heure il y a une intercession.

Des hommes ont tenté un pouvoir médiatique à cet emplacement, pensant qu'une logique pouvait tout mettre en rapport. Mais la tentative idéaliste est devenue une tentation très courante et tout le monde a voulu devenir médiateur, si bien qu'on n'a plus trouvé personne pour parler sans être médiateur.

Lorsque des hommes croient rayonner par cercles concentriques sur tout l'univers, ils ont besoin que d'autres ne rayonnent pas. Le présupposé dissimulé du pouvoir médiatique, c'est qu'il ne faut pas que tout le monde le pratique.

En réalité, l'homme quelconque (c'est-à-dire chacun) est seul, sans report sur autrui. On lui fait croire qu'il n'a pas d'alliés ? Mais il n'a pas d'opposants. L'embarras de l'homme quelconque est de n'avoir pas référence aux autres. Le débarras est que les autres n'ont pas référence à lui.

Ne pas prendre le pouvoir médiatique est une des dernières grandes libertés. Ne pas le laisser prendre est un des derniers devoirs. L'intercesseur transforme l'intermittence en prière.

L'adresse ne peut pas être complémentaire de la maladresse. C'est trop lui demander d'équilibrer ce qui est déséquilibré.

Autour des complications qui ne cessent d'affluer, il faut un travail terrible de simplification. Encore faut-il tenir caché ce qui se trame dans l'acte simple, car la simplicité meurt immédiatement. Elle ne ressert pas une seconde fois.

Une longue suite de réformes nous contraint à soutenir la réforme plus que le fondement, l'étai plus que la fondation.

Ce que nous faisons n'est pas toujours utile. Même pour le bien, il faut quelquefois s'abstenir, car l'acte serviable tire à son service plus que prévu. Justice faite, l'injustice reste. Car l'injustice n'est pas seulement ce qu'elle est, elle attend. Quand la lumière vient sur elle, elle sait que l'ombre tombe sur la justice. L'injustice, plus qu'il n'y paraît, se trouve renforcée par les renseignements sur les imperfections de la justice.

Quelqu'un qui s'approcherait de notre savoir-faire ne tarderait pas à trouver que nos occasions perdues nous ont égarés. Nos maladresses ajoutent au mal : d'une certaine manière, par nos erreurs, et sans le vouloir, le mal est plus que le mal.

Le problème du mal demande toujours d'aller donner notre avis. Or il ne faut pas y aller. Le bien aussi, nous adjure d'aller à lui. Mais, c'est évident, nous n'y faisons rien de mieux. Au-dessus de notre état, nous pensons mieux faire, mais nous ne sortons pas de nous. Et il faut supporter nos proverbes comme des verbes que nous n'avons pas conjugués ; nos idéaux comme des pensées que nous n'avons pas vécues. Il faut laisser les mots très loin de nous. Ainsi nous gênons le mal. Car le mal nous suit quand nous parlons du bien et que nous nous manquons.

Le pouvoir médiatique qui semble tenir une permanence, finit par faire croire que la sympathie propose sans fin ses services et que l'empathie ne les propose pas vraiment. Pourtant avant les nécessités corporelles, avant le courage moral, il y a une intuition souffrante qui nous oriente sans que ce soit une solidarité.

La solidarité est sollicitée d'office pour ce que nous n'avons pas voulu, c'est une obligation civique ; mais elle n'est pas de notre intuition. C'est l'empathie qui, la première, nous oblige à secourir le risque, l'entreprise, le jeu, la plus-value. C'est l'empathie qui, sans savoir ce qu'il en est, ne s'avance pas pour comparer, ni confronter. Car le cœur veut bien soutenir tout ce qui est en souffrance, mais il ne veut pas faire concorder les souffrances.

L'empathie se charge elle-même. On ne lui en demande pas tant ! Mais à peine dit cela, elle ne porte plus. L'empathie ne porte pas longtemps. Vite exténuée, elle semble ne pas avoir existé.

Il faut rester avec ce qui gêne. A force de regarder nous finirons par voir à travers. Nous allons entrevoir, si nous ne sommes pas aveuglés. Si nous réussissons, d'autres réussiront. Nous finirons tous par voir ce qui ne se voit pas du premier coup.

Tandis que la science cherche la réussite et garde seulement le bon résultat, le sens de l'existence cherche la réussite mais garde aussi la connaissance de l'échec.

L'homme existant est lié au réel sans avoir cause commune avec lui. Tiré par l'extériorité, tiré par l'intériorité il ne s'abandonne ni à l'une ni à l'autre, jamais il n'espère éliminer l'une ; jamais il ne pense concilier les deux. Il suppose pour l'une et l'autre un oracle.

L'importance de l'ignorance grandit avec l'importance de la science. Ce que l'homme embarrassé ne comprend pas, il ne veut pas qu'on le lui explique. Il n'a pas les moyens pour parler de la fin du monde mais personne ne les a.

A l'enfant innocent, il dit « Tout commence bien » « Tout finira bien ». Dire que tout finit bien c'est une délivrance pour l'empathie. Mais pour la convoitise comblée c'est une tristesse. C'est que la souffrance et la gaieté sont promises au même rendez-vous, mais n'ont pas le même chemin pour y aller.

Le bien s'annule si manifestement que le mal semble ne

jamais s'annuler. Nous nous faisons des illusions au sujet du bien, nous nous faisons aussi des illusions au sujet du mal en voulant reprendre ses comptes. Ni le bien ni le mal ne gagnent. Ils tombent avec une précipitation épouvantable, comme si la chute de l'un voulait entraîner la chute de l'autre et manquait son coup à vouloir l'empoigner.

La cause du bien est jugée sans la cause du mal. La cause du mal est jugée sans la cause du bien. Il y a un jugement terminal qui ne tient pas compte des circonstances atténuantes. Nous ne jugeons pas juste définitivement, car nous ne finissons jamais l'instruction des affaires en cours et nous comparons les plaidoiries. Or une grande loi fait la loi aux contraires sans les comparer, sans nous donc.

Tout homme peut distinguer le bien et le mal ; mais la distinction n'est pas un axiome commun bien que la loi soit commune à tous.

Les hommes n'ont pas les mêmes chemins, mais ils ont le même but. Le but n'est pas proportionné aux moyens, ce sont les moyens qui sont proportionnés. Beaucoup de talents obligent à un long chemin ; peu de forces permettent de couper court.

S'il faut regarder au loin dans les temps, il ne faut pas regarder à ses pieds, ni aux pieds des autres. L'âge différencie les hommes, mais l'âge est une différence qui disparaît. La situation dispose les hommes en divers lieux et diverses circonstances, mais la situation est abandonnable.

Le point de l'existence qui est inchangeable, c'est le point de départ. Partir de soi d'abord pour n'y plus revenir, c'est avoir trouvé ses fautes avant celles des autres. Partir des autres ce serait trouver leurs fautes avant les nôtres.

La distinction entre le bien et le mal n'est pas un débat, c'est une coupure, une fêlure. Elle est en nous, si infime qu'elle n'est pas visible. Cependant elle est commencée ; elle ira très loin pour finir. Il ne faut pas nous tromper au départ. Seul le départ nous appartient.

Aussi, ayant douté de nous pour commencer, nous ne laissons pas à d'autres le soin de nous rectifier. A peine commencés, nous enlevons nos scrupules d'entre les témoignages. Ce ne sont que des petits cailloux qui servent à peser. Pourtant le scrupule n'est pas un caillou, mais le choix entre un petit et un plus petit. Les témoignages sollicitent le jugement. Les hésitations à peser, elles, ne sollicitent rien, elles s'affairent.

Sur dix scrupules, un seul est bon. De toutes les hésitations une seule est bien placée. Mais on ne la connaît pas à l'avance et il faut bien de nombreuses tentatives pour être au bon moment, au bon endroit. Car le bon moment et le bon endroit ne sont pas un état qui vient de nous, mais un chemin qui vient au-devant de nous.

Le scrupule n'est pas une tentative de chance mais une attente de la grâce. C'est pourquoi le premier scrupule est quelquefois le bon. D'autres fois, mille scrupules sont inutiles.

Là-dessus certains démarrent comme s'ils n'étaient pas encore à l'œuvre. Ils parlent des travaux et des jours comme s'ils allaient tout reprendre.

D'autres n'en parlent pas. Ils y vivent pourtant, mais ils vont dans la banalité des jours et ils semblent entâchés depuis toujours. Ils semblent avoir eu un seul scrupule et ne plus en avoir.

Nous avions trop de souvenirs, mais il faut redouter qu'à la suite d'un dévalement imprévu, nous n'en ayons plus assez. Nous utilisions trop de raisons, mais il faut redouter que, les rejetant toutes, nous ne sachions en garder une.

Le dépouillement n'est pas un acte médiatique, c'est une vue intime. Que chacun en soit à voir sa solitude cela rassemble les hommes sur un pied d'égalité. Mais cela les resépare immédiatement : certains ne s'inquiètent plus, d'autres s'inquiètent davantage.

Les hommes qui se sont laissés complimenter sur leurs

mérites ne tardent pas à être soumis à la question : « Comment faire pour bien faire ? » Et ils ne se retiennent pas d'y répondre. Or les vraies grandes questions existentielles n'ont pas de réponse ou plutôt la réponse est un renouvellement de l'interrogation « Comment faire pour bien faire ?

— Oui, comment faire ? » Un acquiescement, un souci partagé, un émoi accru sont les signes de vraie communication. Redoubler les questions, voilà ce qui tient lieu de conversation. « Comment faire pour souffrir ?

— Oui, comment faire ? nous nous le demandons aussi. »

D'autres fois nous cherchons à préciser à l'aide d'un adverbe. « Oui maintenant. Et après ? » Nous attendons les enfants et nous nous tenons penchés sur leurs livres de lecture, sans nous relever avant qu'ils aient bien lu.

La conscience morale s'applique à être concordante avec le réel, mais elle sait qu'elle reste discordante des autres consciences. Car la conscience qui travaille à comprendre ne cherche pas à se mesurer aux intelligences qui ont déjà compris. La conscience qui arrive à comprendre n'informe pas celles qui n'arrivent pas.

Ainsi certains conseils ne se donnent pas ; certaines initiations ne se pratiquent pas. La distinction entre l'homme de scrupules et l'homme sans scrupules ne s'établit pas à l'aide d'une finesse supérieure. Là où le scrupule naît, il commande. Là où il n'est pas né, il ne commande pas.

Le scrupule n'a pas de partenaires ; il n'aura pas d'adversaires. Chacun se le donne à soi-même et l'interdit aux autres. Le scrupule n'est pas vraiment un renseignement, mais une impuissance qui ne veut pas se faire partager.

Alors, là, la volonté de convaincre n'est pas une tentative. L'intelligence existentielle ne souhaite pas se faire comprendre, car elle ne veut pas donner à souffrir. Elle souhaite que chacun comprenne par ses propres moyens, c'est-à-dire assez mal, mais calmement.

L'homme soucieux ne cherche pas à éduquer les sans-soucis. Il veille sans penser se faire remplacer. Il se croit obligé de penser à tout. C'est une prétention exagérée, mais secrète. Elle serait insoutenable si elle était faite au grand jour. Privé, le souci sait qu'il n'est bon à rien. S'il était public, pourrait-il se trouver bon ?

L'embarras caché de quelques-uns n'est pas sans rendre service à l'entour. Les facéties de ceux qui ne s'embarrassent de rien laissent les générations embarrassées.

S'inquiéter, ce n'est pas s'assombrir le visage et demander à l'entourage de partager un chagrin, c'est comprendre en souriant que ce que l'on ne sait pas conditionne ce que l'on sait. Il est trop tôt de compter qu'une conscience collective nous apprenne l'inverse. Il ne viendra jamais le moment de récapituler les consciences, puisque c'est l'ignorance qui arrête toutes les consciences.

Le sentiment qui termine l'embarras ce n'est pas de briser l'isolement, c'est de rester pris. La connaissance spéciale de ceux qui sont chargés c'est qu'ils restent chargés et cependant pas écrasés. Chargés comme ils sont, ils sentiront bien quand ils seront déchargés.

Que telle ou telle chose soit au-dessus de nos forces personnelles ne permet pas de dire qu'elle est au niveau d'une force collective. Que quelque chose soit au-dessus de nos forces, c'est ce qui peut vous empêcher de vous désoler lorsque vous voyez que nous ne vous aidons pas.

Ainsi, là, nous avons tous rendez-vous. Et que nos forces soient réduites à rien, ne fera pas que nous tous soyons réduits à néant. Là où nous ne pouvons rien, il y a une grande légalité. Nous ne pouvons pas définir cette légalité, mais nous devons rappeler qu'elle existe. Nous avons à signifier le plus personnellement possible que nous n'établissons rien de nous-mêmes et que nous nous destinons à accepter une vérité qui n'est pas de nous.

Dans l'analyse des mœurs, nous pensions que les rapports des observateurs étaient ce qui nous instruisait le mieux. Nous pensions que les conditions observables étaient la réalité, et que l'inconditionné était seulement un intermède.

Après avoir beaucoup travaillé, beaucoup forcé contre le désagrément, après avoir échangé beaucoup d'idées, après avoir gagné et dépensé de l'argent, nous voyons mieux les limites de ce que nous mettons entre hommes. Si nous croyons que ce sont les conditions qui nous séparent, nous sommes perdus. Si nous croyons que c'est l'inconditionné, alors nous sommes sauvés.

Que l'inconditionné soit la grande vérité empêche que les conditions nous terminent. L'inconditionné, lui, ne termine rien.

Nous comparions les hommes naturellement, et nous en tenions compte. Mais au bout d'un certain temps nous n'avons pas pu garder tout le compte, si bien que les comparaisons en service ont beaucoup de présomption sur celles délaissées.

Désormais les comparatistes ont derrière eux une multitude d'imitateurs qui choisissent les comparaisons qu'ils affectionnent sans les avoir découvertes et sans les avoir situées. Se servir de la comparaison comme d'une formule admise, c'est ne pas la saisir en sa précarité.

En pédagogie, la pluralité des voies ne donne pas une unité à suivre. En art, la surabondance des exemples ne fait pas naître l'impression simple qui va devenir une expression. En politique, on ne se libère pas avec la liberté des autres. En morale surtout, c'est-à-dire dans l'incommentable des minutes présentes, on ne pratique qu'une vertu. On ne commet qu'une faute. On se distingue avec le plus de discrétion possible. On loue la vérité, seulement.

Les vraies fautes sont petites et particulières. Les hommes disent qu'elles sont pardonnables ; mais les pays les rendent impardonnables car ils les associent. Les pays croyaient délivrer les hommes de leurs petites chétivetés, mais tout est grave en se reportant aux erreurs de groupe. Les motivations collectives excusent les erreurs et pourtant elles les amplifient.

Les fautes collectives ne trouvent jamais de pardonneur collectif et les peuples ne savent pas à quel point tout peut leur être reproché, à moins que nous parvenions à temps à faire admettre que les peuples sont séparés, qu'ils sont jugés à part pour des choses insignifiantes à condition qu'ils n'aient pas pratiqué la hardiesse de la souveraineté.

Toutes nos forces et toutes les forces qui nous font face indiquent qu'il y a un sens qui ne vient pas de nous, ni de ce qui nous est contraire. Il y a un sens qui ne vient pas de l'accord des volontés ni du désaccord. Incessamment il faut voir que les techniques ne débloquent pas les déterminismes et que les bonnes délibérations ne créent pas de bonnes conventions.

Tant que des hommes se spécialisent à dire ce qu'ils peuvent et d'autres à dire ce qu'ils ne peuvent pas, il n'y aura pas de complémentarité entre eux, car c'est dans un seul cœur qu'il faut savoir les possibilités et les impossibilités.

Une faction partage un pays, et pour se trouver d'autres amis elle partage d'autres pays. Mais la démarcation entre hommes ne fait que poursuivre sa démarcation : quand elle se fait des amis, elle se fait des ennemis.

Comment l'homme ne le sait-il pas encore ? Grossir les alliances, c'est grossir l'adversité. Ce qui est manqué en nous et qui a besoin d'être aidé, cela ne fait qu'attirer des solidarités elles aussi manquantes et dans le besoin.

Comment ceux qui parlent peuvent-ils être complémentaires de ceux qui écoutent ? Comment faire s'entendre les hommes s'il n'y en a que la moitié qui écoutent ?

Beaucoup se sont exprimés, et, voyant que nous ne les croyons pas, ils veulent que nous nous exprimions à notre tour pour nous dire qu'ils ne nous croient pas.

Mais en un certain domaine, nous ne nous croyons pas nous-mêmes. Rien ne se fera mieux si nous nous mettons en devoir d'être crus. Là où nous sommes sans possibilités, nous sommes intouchables. Rien ne dépend de nous. Ajouter que rien ne dépend des autres ne nous est pas permis. Nous arrêtons là : rien ne dépend de nous. Nous avons passé la main.

L'unité du monde est tellement franche qu'elle ne vient pas

à nos ordres. Il ne faut donc pas dire que nous en excluons quelques-uns. Il faut laisser dire que nous n'y sommes pas encore inclus. Nous y accédons.

Lorsque nous voyons que quelque chose pèche, nous n'avons pas mieux conscience de notre impuissance à être impeccable. Le plus simple est de deviner ce qui manque sans le faire connaître.

Convaincus de ne pas dominer la situation et de maîtriser assez mal nos forces, nous disons cependant quelques phrases qui évoquent ce qui nous dépasse et ce qui dépasse nos difficultés. Nous ne dominons pas. Ce qui nous est contraire ne domine pas non plus. Nous passons la main.

D'une cité universelle personne n'est exclu. Cela suppose intériorisés tous les conflits, toutes les alternatives. Le plus inattendu alors c'est que toutes les propositions et toutes les conclusions sont assumées et que, cependant, il se trouve que toute analyse reste désormais unilatérale et sans répondant extérieur. L'homme quelconque se trouve obligé de payer de sa personne, sans avoir vraiment ce qu'il faut pour tout payer.

Le cosmopolitisme pourrait être défini comme autre chose que l'état cosmopolite des villes, des nations, du monde. Ce pourrait être une vue de l'esprit sur une perspective d'unité planétaire. En ce sens idéal, le cosmopolitisme signifierait la totalité des peuples considérés comme un ensemble politique. Plus que la globalité du panorama géographique, le cosmopolitisme pourrait être compris comme une cité universelle consciente de son historicité.

Il y a dans le cosmopolitisme une vague notion de circulation des sentiments qui laisse aux optimistes le soin de mettre à contribution les pessimistes pour les entraîner dans un élan commun. Dans d'autres circonstances, les pessimistes mettent à l'épreuve les optimistes pour leur demander d'être plus prévoyants. Ce qui revient à dire que, quels qu'ils soient, les hommes espèrent en des hommes différents pour rattraper ce qui se dérobe dans leurs à-propos.

La cosmopolitisation compte sur le scrupule sans le savoir.

Comment les pays font-ils pour exclure le mal ? Comment font-ils pour dire le juste prix du bien ?

L'internationalité se montre au service de plusieurs nationalités groupées, sans pouvoir se montrer en chacune. Il semble qu'on ne puisse pas la voir en sa totalité car il lui faudrait creuser un évidement pour y précipiter ce qui est mauvais et qui doit disparaître.

L'homme a su, souvent, en lui-même se livrer au combat contre la faute, contre le manque, contre l'erreur. Mais comment les pays peuvent-ils sans que ce soit une catastrophe araser ce qui est érigé en vain, retenir ce qui va devenir intenable, arrêter ce qui fut imprudent, soutenir les valeurs fiduciaires, enlever l'entassement des plus-values, ôter les décors des fêtes ?

Dans l'homme l'ouverture d'une dépression peut amener à voir que l'homme ne retient rien. Et ce gouffre le force à se resaisir. Mais dans les cités, les fouilles des conjonctures historiques ouvrent béant un vide qui ne peut servir de décharge publique.

Sortirions-nous quelques valeurs de l'actualité, qu'il faudrait les réactualiser enrichies ou dévaluées. Mettrions-nous a posteriori ce que nous avons perçus a priori que notre logique n'en serait pas renforcée. Tout commence dans l'affliction. Le vrai départ est toujours une sensation d'insuffisance. La pensée authentique s'exprime sous ce qui l'opprime, plus qu'avec l'aide de ce qui lui rend service.

Les bons avis, les vrais services, l'affectueuse attention, la mutualité loyale nous emmènent où nous ne nous retrouvons plus. Aurions-nous réussi à abstraire quelques certitudes de la vie concrète qu'il faudrait les reconcrétiser dans l'incrédulité générale. Le travail est toujours à reprendre.

Nous n'avons jamais su bien dire que la vertu n'était pas gagnée, que le bien n'était pas en expansion. Mais que nous ne sachions pas convaincre à temps, ne nous dispense pas d'être convaincus sans le temps, c'est-à-dire sans la preuve, c'est-à-dire a priori. Il y a un après-futur et nous restons dans la stupeur de ne jamais pouvoir passer derrière lui. Il y a un sens et nous sommes sans pouvoir le faire valoir. Il y a un juste prix des actes et nous sommes sans pouvoir nous en prévaloir.

Les peuples seraient plus libres si la liberté n'avait pas eu tant de commentateurs. S'il y avait eu moins d'explications, il y aurait eu moins de réactions en chaîne.

Nous avons fait de nos travaux un grand complexe dont nous voudrions maintenant nous décomplexer. Nos actes ont eu la prétention d'être meilleurs que les bons conseils, mais tout le monde ne les a pas agréés, et nous sommes surpris d'avoir besoin de paroles pour rectifier nos actes, car nous avions prétendu que les actes valaient mieux que les paroles.

Nous aimons nous faire comprendre, mais nous n'avons pas là-dessus notre raison d'être. A partir du moment où nous sommes conscients de l'incommunicable nous sommes en rapport avec ce qui ne s'échange pas. L'incommunication n'est pas le déshonneur de la parole coupée, c'est le grand honneur de la réception de nos émois, bel et bien comme ils sont, avant même que nous les exprimions, avant même qu'ils deviennent opérants.

Diminuer la valeur de l'échange, c'est revaloriser l'échangiste. Baisser le prix des paroles, c'est augmenter l'estimation de l'esprit. Douter des actes, c'est ne plus douter de ce qui résulte de l'homme. Ainsi l'homme est mis ailleurs que sur son mérite et son démérite. A jamais.

Ce ne sont pas les événements de l'histoire qui sont nos jalons, mais l'intermittence entre eux. Nous sommes venus du fond des âges par ce gué originel. Les événements montraient ce qui était possible ; mais il nous fallait savoir que nous venions de l'impossible. Nous sommes passés par ces jours silencieux, par ces pays inconnus qui ne sont ni la volonté des souverains ni la marche du peuple, ni la force des héros, ni le savoir-faire des savants.

Tout homme peut avec aisance deviner que sa naissance passa entre les événements et que sa vie fut une issue entre les circonstances. Il garde à l'esprit comme notion de passage le contraire d'une ville, la ressemblance d'un désert, la certitude d'une voix.

L'intermittence entre les faits historiques rapportés est si importante que l'histoire pourrait être réécrite à partir de ces entre-temps inconnus. L'homme égaré qui se livre au rassemblement des intermittences ne tarde pas à être récompensé : le monde lui apparaît sous un autre jour. Sans les prestations de sururbanisation, et sans les faits de guerre, l'unité du monde lui est sûre et certaine.

Il ne faut pas laisser aux extrémistes le soin d'utiliser les extrêmes. Nous sommes nous-mêmes sur les bords, précisément à lutter contre le centre. Ce qui nous est adverse ce n'est pas le gouffre des limites, mais la force sociale qui nous y pousse.

Les forces que refuse la socialité sont des sentiments dont elle ne veut pas : la timidité enfantine, le doute adolescent, la tenue féminine, la tenacité sans salaire et surtout le sens de la brièveté aussitôt son apparition entre l'âge adulte et la vieillesse. Le sens de la brièveté est ce sentiment qui tient les apparences de la fugacité et qui pourtant est l'enracinement de la tendresse en une immensité intemporelle.

Ce que nous ne connaissons pas de l'histoire reste inexploitable à de nouveaux dissidents, car ce ne sont pas des ferments de révolte qui s'y trouvent, mais une soumission nouvelle et sans levain de discorde à l'unité du monde.

C'est toujours l'unité du monde, mais ce n'est jamais le moment de la « placer ». Il y a un temps pour chaque chose mais il n'y a pas de temps pour affirmer tout à la fois. Cependant il y a un répit pour dire : « L'ensemble des temps est vrai, mais nous n'en disposons pas. Tout nous concerne. Mais jamais tout à la fois. » Parce que la loi de tout est grande, il ne faut pas en demander la pratique. Parce qu'elle est sacrée, il ne faut pas la profaner.

Tout est loin de tout. Chaque chose semble une exception. Pourtant l'homme quelconque pense qu'autour de l'exception il y a un dégagement. Quand toutes choses sont déliées les unes des autres, l'existant qui subsiste est grâcié, l'embarras est fini. Là où tout est loin, la délivrance est proche.

Dans la disjonction entre les actes, il n'y a pas de gouvernants. Dans la rupture entre les époques, il n'y a pas d'historiens aptes à enchaîner.

La conscience de l'intervalle n'est pas une notion de distance entre les hommes, mais une sensation perçue à la limite de soi-même, sur un bord seulement. L'homme n'éprouve pas à la fois sa limite et la limite de son voisin. Il éprouve seulement sa limite et le contact du vide. Il s'éprouve sur le bord, c'est-à-dire, bel et bien seul à être là.

S'il était plus avancé, il serait au milieu de l'intervalle, plus proche de l'intervention sur son voisin ? Non. Il serait dans l'inerte s'il quittait la sensation particulière de son extrémité.

La conscience véritable de l'intervalle a besoin d'une sensation d'épuisement. Là où la vie sent qu'elle s'exténue ce n'est pas un anéantissement, c'est une conscience sublime. Là où l'homme se sent mourir, il est particulièrement vivant. Là où il se sent finir, il n'est pas fini et plus que jamais il est soucieux de ce qui advient après la fin. Ainsi, alors, sans contact, il est d'un tact absolu.

TABLE

ISBN : 2-7291-0908-8

ACHEVÉ D'IMPRIMER
EN MAI 1993
SUR LES PRESSES DE
L'IMPRIMERIE DU PAQUIS
70400 HÉRICOURT
DÉPÔT LÉGAL : 2e TRIMESTRE 1993